税務会計論

濵沖典之 編著

五絃舎

はしがき

　一般にScience（科学）とは，合理的な考察プロセスを経て，考察対象に対しての普遍的な法則性を見出そうとするものであろう。しかし社会科学はScienceの一分化とされながらも，その実質はいくぶん趣を異にするようである。すなわち，自然科学とは異なり，社会科学は考察対象に対しての普遍的な法則性を見出し切れてはいないようである。それは，常に変化する人の「心」が社会科学の考察対象のバックグランドとして横たわっているためであると思われる。

　社会科学の社会的有用性は社会現象を説明するところにあり，その社会的存在意義は，まづ，社会の人々に対する教育にあることを認めることが大切であろう。社会科学としての「税務会計論」においても，その社会的有用性は税務会計現象を説明するところにあり，その社会的存在意義は，まづ，税務会計にかかわりを持つ人々への教育にあることを認めることが大切であろう。

　本書は，従来からの学問的思考を踏まえた上で，自由な発想のもと，社会科学における「税務会計論」の学問的位置付けとその体系及び内容を説明するものである。
　第Ⅰ部では，社会科学における会計学の一分化としての税務会計論の位置付けを論じ，税務会計論の考察領域が社会現象としての税務会計実務であること，その対象が継続的事業体であることを論じている。そして，その役割は，税務会計を説明すること及び継続的事業体の会計の立場から，あるべき税制への提言を行うことにあることを論じている。そして，税務会計論の存在意義は教育及びステークホルダーに継続的事業体と税との関係を説明し納得せしめるところにあることを述べている。そして，このような思考に立脚したうえでの税務

会計論の体系を示している。この体系は継続的事業体が関係するすべての税にかかわりのあるものとなり，課税対象の分類に従って構築されるものとしている。第Ⅱ部では，このような税務会計論の体系に沿って個別の税務会計を説明している。

　このような構成がなされている本書は，大学等の教育機関における税務会計論科目の教科内容として有用であり，また，これから継続的企業体の経理・総務部署等で税務会計実務に携わろうとする人達，税理士事務所・税理士法人・公認会計士事務所・監査法人等で税務会計実務に携わろうとする人達に有用なものと考える。

　編者の以上のような思考にご理解をいただいた方々に本書各部の執筆をお願いした。本書全体を上述の思考に統一するために，共著者のご協力を得た。また，原稿を整理する段階で共著者岡部勝成・田邊正両先生にご協力をいただいた。共著者のご理解とご協力にあらためて御礼申し上げる次第である。

　編者がこんにちにあって本書に示した思考を公にできるのは多くの方々のご理解とご愛情に支えられてきたからである。お一人お一人のお名前を挙げることを差し控えさせていただくが，この場をお借りして長年に亘るご愛情に衷心より御礼申し上げる。

　また，本書企画から脱稿まで長年経過したにもかかわらず株式会社五絃舎長谷雅春代表取締役におかれては寛容にお待ちいただき，出版に際しての助言を随所にいただいた。厚く御礼申し上げる。

2015（平成27）年1月9日

編著者　濵沖典之　識

目　次

はしがき
略語表

第Ⅰ部　税務会計論の社会科学としての位置づけと，その体系

はじめに …………………………………………………………………… 3
1. 税務会計論の体系はいかなるものか ……………………………… 5
2. Science（科学）と社会科学 ………………………………………… 6
　(1) 学問の前提としての「良心」の存在（想定）（6）
　(2) 社会科学の存在意義（想定）（17）
　＜まとめ＞（22）
3. 社会科学としての会計学 …………………………………………… 23
　(1) 社会科学としての経済学から経営学，そして会計学への分化（23）
　(2) 社会科学としての会計学の役割と存在意義（26）
　(3) 会計学の領域とその変化（38）
　(4) 会計学の対象（42）
　＜まとめ＞（43）
4. 社会科学としての税務会計論 ……………………………………… 44
　(1) わが国の会計学の体系における税務会計論（44）
　(2) 税務会計論の領域（49）
　(3) 税務会計論の対象（57）
　(4) 税務会計論の特質（58）
　(5) 社会科学としての税務会計論の役割（63）
　(6) 社会科学としての税務会計論の存在意義（65）

＜まとめ＞（69）

　5．税務会計論の体系 …………………………………………… 70
　　〔要約〕（70）
　　＊　税務会計論の体系（73）

第Ⅱ部　個別税務会計

序章　税務会計及び税務会計論を巡る環境 ──────────── 81
　1．継続的事業体としての企業を取り巻く法と会計ルール ……… 81
　　（1）証券取引法（81）
　　（2）証券取引法から金融商品取引法へ（81）
　　（3）公認会計士法（82）
　　（4）企業会計原則（82）
　　（5）企業会計基準（83）
　　（6）会計基準の国際的な統一への動向（83）
　　（7）中小企業への会計に関する動向（84）
　　（8）商法会計（86）
　　（9）商法会計から会社法会計へ（87）
　2．税への関連学問分野からのアプローチ ……………………… 87
　　（1）経済学からのアプローチ（90）
　　（2）法学からのアプローチ（90）
　　（3）会計学からのアプローチ（91）
　3．応能課税と所得課税及び応益課税 …………………………… 91
　4．直接税と所得課税及び間接税 ………………………………… 91

第1章　収得税税務会計 ──────────────────── 93
　1．収得税としての所得課税 ……………………………………… 93
　　（1）わが国の所得課税の概観（93）
　　（2）所得課税の課税対象（94）

(3) 所得課税と損益計算 (95)
　　　(4) 正規の簿記と青色申告 (96)
　　　(5) 課税要件の事実 (97)
　2．個人収得税税務会計 ………………………………………… 98
　　　(1) 所得税税務会計 (98)
　　　(2) 個人事業税税務会計 (117)
　　　(3) 個人住民税税務会計 (119)
　3．法人収得税税務会計 ………………………………………… 123
　　　(1) 法人税税務会計 (123)
　　　(2) 法人事業税税務会計 (145)
　　　(3) 地方法人税税務会計 (147)
　　　(4) 法人住民税税務会計 (148)

第2章　消費税税務会計 ──────────────── 153
　1．消費税の類型 ……………………………………………… 153
　　　(1) 直接消費税と間接消費税 (153)
　　　(2) 単段階一般消費税と多段階一般消費税 (155)
　　　(3) わが国の消費税 (160)
　2．消費税税務会計及び地方消費税税務会計 ………………… 161
　　　(1) 消費税の基本的な仕組み (162)
　　　(2) 納付税額の計算方法 (162)
　　　(3) 課税対象となる取引 (163)
　　　(4) 非課税取引 (164)
　　　(5) 課税対象とならない取引：不課税取引 (165)
　　　(6) 納税義務者 (165)
　　　(7) 納税義務の成立時期 (166)
　　　(8) 免税される輸出取引 (167)
　　　(9) 課税標準 (167)

(10) 税率（167）

　　　(11) 控除対象仕入れ税額の計算（168）

　　　(12) 申告（173）

　　　(13) 納税地（174）

　　　(14) 記帳事項と帳簿の保存（175）

　　　(15) 地方消費税（176）

　　　(16) 消費税と地方消費税の会計処理（177）

　　3．所得課税と消費課税のリンク ……………………………………… 178

　　　(1) 法人税税務会計及び所得税税務会計と
　　　　　消費税税務会計における現象（178）

　　　(2) アカウント方式とインボイス方式（181）

第3章　財産税税務会計 ──────────────── 183

　　1．固定資産税税務会計 ………………………………………………… 183

　　　(1) 納税義務者（183）

　　　(2) 課税対象（184）

　　　(3) 課税標準（184）

　　　(4) 税率（184）

　　　(5) 固定資産税の会計処理（184）

　　2．都市計画税税務会計 ………………………………………………… 185

　　　(1) 納税義務者（185）

　　　(2) 課税対象（185）

　　　(3) 課税標準（186）

　　　(4) 税率（186）

　　　(5) 都市計画税の会計処理（186）

　　3．自動車税税務会計 …………………………………………………… 186

　　　(1) 納税義務者（187）

　　　(2) 課税対象（187）

(3) 課税標準（187）

　　　(4) 税率（187）

　　　(5) 自動車税の会計処理（188）

　　4．軽自動車税税務会計 …………………………………………………… 188

　　　(1) 納税義務者（188）

　　　(2) 課税対象（188）

　　　(3) 課税標準（189）

　　　(4) 税率（189）

　　　(5) 軽自動車税の会計処理（190）

第4章　流通税税務会計 ───────────────── 191

　　1．不動産取得税税務会計 ………………………………………………… 191

　　　(1) 納税義務者（192）

　　　(2) 課税対象（192）

　　　(3) 課税標準（192）

　　　(4) 税率（193）

　　　(5) 不動産取得税の会計処理（193）

　　2．自動車取得税税務会計 ………………………………………………… 193

　　　(1) 納税義務者（193）

　　　(2) 課税対象（194）

　　　(3) 課税標準（194）

　　　(4) 税率（194）

　　　(5) 自動車取得税の会計処理（194）

補　章 ─────────────────────────── 195

　　1．税理士制度 ……………………………………………………………… 195

　　2．税務会計監査 …………………………………………………………… 196

3．経営組織別の税務会計の成り立ち…………………………… 196
　（1）個人企業の所得税税務会計・消費税税務会計（196）
　（2）有限責任事業組合の所得税税務会計
　　　または法人税税務会計・消費税税務会計（198）
　（3）合名会社の法人税税務会計・消費税税務会計（199）
　（4）合資会社の法人税税務会計・消費税税務会計（200）
　（5）合同会社の法人税税務会計・消費税税務会計（200）
　（6）株式会社の法人税税務会計・消費税税務会計（201）
4．わが国における小規模企業への税務会計支援体制…………… 204
　（1）税務会計支援体制（204）
　（2）税理士及び税理士法人の会計業務（205）
　（3）民間の記帳代行業者（208）
　（4）青色申告会（209）
　（5）商工会議所及び商工会（212）
　（6）税務会計支援体制と国税庁によるアウトソーシング
　　　及びIT関連技術の進展（216）
5．税務会計実務と税法能力検定………………………………… 222
6．税務会計への学習……………………………………………… 222

［出所一覧］……………………………………………………………… 225
［執筆分担一覧］………………………………………………………… 226
　索　引…………………………………………………………………… 227
［共著者紹介］…………………………………………………………… 232

略　語　表

1．本書で用いている略語は次の法律等を意味する。

証＝(旧)証券取引法　　　　証令＝(旧)証券取引法施行令　　　金＝金融商品取引法
財規＝財務諸表等規則　　　商＝商法　　　　　　　　　　　　商規＝商法施行規則
会＝会社法　　　　　　　　会令＝会社法施行令　　　　　　　会規＝会社法施行規則
計規＝会社計算規則
会整法＝会社法の施行に伴う関係法律の整備等に関する法律
事法＝有限責任事業組合契約に関する法律
事規＝有限責任事業組合契約に関する法律施行規則　　　　　　法＝法人税法
法令＝法人税法施行令　　　法規＝法人税法施行規則　　　　　所＝所得税法
所令＝所得税法施行令　　　所規＝所得税法施行規則　　　　　消＝消費税法
消令＝消費税法施行令　　　地＝地方税法　　　　　　　　　　地令＝地方税法施行令
措法＝租税特別措置法　　　措令＝租税特別措置法施行令
租規＝租税特別措置法施行規則　　　　　　　　　　　　　　　国通＝国税通則法
税＝税理士法　　　　　　　公＝公認会計士法
国際会計基準審議会＝International Accounting Standards Board：IASB
国際財務報告基準＝International Financial Reporting Standards：IFRSs
中小指針＝中小企業の会計に関する指針
中小要領＝中小企業の会計に関する基本要領

＊記載例：例えば（所・9①三イ）と記した場合，所得税法第9条第1項第三号イの条文を意味する。

＊本文中において地方税税務会計を説明する部分において「（都）道府県」と表記している個所がある。これは，「都」と「道府県」を併せた意味である。これは地方税法第1条第1項第2号で道府県に関する規定は都に準用する旨の規定があるためである。また，「（特別区）市町村」と表記している個所がある。これは，特別区と市町村を併せた意味である。これは同じく地方税法第1条第1項第2号で市町村に関する規定は特別区に準用する旨の規定があるためである。

2．本書図表及び[出所一覧]で用いている略語は次の文献を意味する。

濵沖1994＝濵沖典之「商業帳簿（会計帳簿）としての日記式簡易帳簿に関する一考察」
　　『広島女子商短期大学紀要第5号』広島女子商短期大学，1994（平成6）年12月。
濵沖1997＝濵沖典之「わが国における制度としての税務会計に関する研究」『広島女子
　　商短期大学学会誌創刊号』広島女子商短期大学，1997（平成9）年3月。
濵沖1998＝濵沖典之『税務会計入門』泉文堂，1998（平成10）年11月。
濵沖・田邊2006＝濵沖典之・田邊正「税務会計学と消費課税 ―消費課税の類型―」
　　『FUJI ACCONNTING REVIEW No.11』東京富士大学税務会計研究所，2006
　　（平成18）年3月。
濵沖・梅田2007＝濵沖典之・梅田勝利「わが国における会計制度と税務会計制度の現状
　　―教育上の視点から―」『東Asia企業経営研究第5号』日本企業経営学会，2007
　　（平成19）年11月。
濵沖・田邊2008＝濵沖典之・田邊正「税務会計学と消費課税 ―わが国の消費税―」
　　『FUJI ACCONNTING REVIEW No.12』東京富士大学税務会計研究所，2008
　　（平成20）年3月。
濵沖・新野・谷崎・鶴見2008＝濵沖典之・新野正晶・谷崎太・鶴見正史「わが国におけ
　　る税務会計支援体制上の簿記実務 ―簿記教育上の視点から―」『日本簿記学会年報
　　第23号』日本簿記学会，2008（平成20）年7月。
濵沖・田邊2009＝濵沖典之・田邊正「税務会計学と消費課税 ―仕入税額控除における帳
　　簿保存義務の問題点―」『産業経済研究第9号　日本産業経済学会35周年記念研究論
　　集』日本産業経済学会，2009（平成21）年3月。
濵沖・新野・谷崎2009＝濵沖典之・新野正晶・谷崎太「税務会計におけるアウトソーシ
　　ング」『経営行動研究年報　第18号』経営行動研究学会，2009（平成21）年7月。
濵沖2011＝濵沖典之「わが国大学学士課程における，あるべき「税務会計論」科目の教
　　科内容に関する考察」『企業経営研究第14号』日本企業経営学会，2011（平成23）
　　年5月。
濵沖2013＝濵沖典之「税務会計論のあるべき体系」『中央学院大学商経論叢第28巻第1
　　号』中央学院大学商学部，2013（平成25）年9月。

第Ⅰ部　税務会計論の社会科学としての位置づけと，その体系

はじめに

　第Ⅰ部のテーマは，税務会計論の社会科学としての位置付けを明示し，その体系を導き出すことである。稿を進めるにあたって，science（科学）との関係にもある程度触れるが，scienceとは何であるのかということを真正面から捉えるものではない。税務会計論の体系を導き出すためのプロセスにおいて，欠かすことのできない入口部分の検討であるからscienceの必要な部分にふれるのみである。また，経済学，経営学，会計学及び税務会計論の関係についての考え方も示さなければならないことは当然のことであるから，前段部において，これらの関係についての考え方を示す。特に社会・経済現象の一つとして会計現象を捉え，これを吟味して，会計学の役割と存在意義，領域，対象を明示することが必要になると思われる。これらの部分については，きわめて概括的な説明とならざるを得ないが，これらを明示することによって，会計学の体系に属する税務会計論の領域，対象，特質，役割及び存在意義を特定し，その体系を導き出すことができるはずである。

　第Ⅰ部では社会科学を説明するために学問に対する世界観を持ち出している。社会科学を考察する時，一つの世界観を持つことの必要性を認識している。もっと云えば一つの宇宙観を観念することも必要であると思慮する。社会科学の考察領域である社会現象は人々の可視的現象そのものである。人々の可視的現象は人の心が原動力であるが，人の心の背後には目には見えない大いなる力が凛然として存在し，人々の心に実は大きな影響を及ぼしているように思えてならないのである。世界観，宇宙観を持つことによって，社会科学が含まれる全体の広がりを認識し，その中での個々の学問の位置付けを明確にすることができよう。このことによって，個々の学問の役割を見出すことができるのではなかろうか。そして，あえて「良心」，「理解と納得」ということを記しているのは，人が自在に変化する心というものを有していながら社会活動を行い，その社会

活動を考察する社会科学においては，心を無視しえず，心は社会現象を織りなす人々の根底に存在するものであるからである。

　社会科学は合理的に，論理的な視点で考察すべきものであるが，人々が社会科学の考察領域である社会現象の行動主体であって，自在に変化する心を伴っての行動であるから，必ずしも合理的・論理的な視点でのみ，行動の本質を追究することはできまい。「心」の認識は社会科学を考えるうえで，一つの大きなポイントであると思慮するものである。

　また，第Ⅰ部では編者の考える税務会計論の体系を説明するため，序破急，あるいはスパイラル的な，または急角度ですり鉢の底に落とし込むような手法を試みている。目的にたどり着くまでのプロセスは，道程の断片的な一面を，ポイントを外さないように留意して，慎重にピックアップしながら，主張する税務会計論の体系に向かって一気に駆け抜けることを試みている。

　第Ⅰ部の本文では，編者の主張をなるべくシンプルに説明するために，可能な限り主張を項目ごとに要約して本文として記載し，必要に応じて〔補足〕を設け主張を補うこととした。また，〔考察〕を設けて，主張に対して考察されるべき，あるいは特に考察した内容を記載することとした。さらに，これら記載した内容の出所を示すため，あるいは内容のさらなる充実を図るために脚注を付し，稿末には参考文献を付している。

　稿を進めるにあたって，「会計」，「会計実務」，「会計学」，「企業会計」，「GAAP」，「税務会計」，「税務会計実務」，「税務会計論」，それぞれの用語を以下のように定義する。

＜用語の定義＞

1. 「会計」：社会・経済現象の一つと認識する。これには簿記を含んだ意味合いで使用する。
2. 「会計実務」：「会計」に内包される2つの内の一つとする。
3. 「会計学」：「会計」に内包される2つの内の一つとする。また会計理論と同義とする。
4. 「企業会計」：会社法及び商法の計算規定（「会社計算規則」及び「商法施行規

則」）に従う会計の意味で使用する。
5．「GAAP」：「generally accepted accounting principles：一般に認められた会計諸原則」とする。
6．「税務会計」：社会・経済現象の一つと認識する。
7．「税務会計実務」：「税務会計」に内包される2つの内の一つとする。
8．「税務会計論」：「税務会計」に内包される2つの内の一つとする。また税務会計理論と同義とする。

＊第Ⅰ部は，はじめに本文のみを通して読まれることによって，編者の主張をシンプルにご理解いただけると思う。その後本文と〔補足〕及び〔考察〕とを併せお読みいただければより主張をご理解いただけるように思う。

1．税務会計論の体系はいかなるものか

　税務会計論の体系は，論者によってさまざまであるが，一般的には，法人税法上の課税所得算定のための体系[1]とされているようである〔補足〕。

1　ここでは一々の文献を示さないが，法人税法上の課税所得算定のための体系とした書物が大多数を占める。また，法人税法及び所得税法の内容を体系とするものも散見される。これには，例えば小川洌，小澤康人編『税務会計の基礎』創成社（新訂二版），2005（平成17）年がある。しかし，1959（昭和34）年には簿記論・財務諸表論・所得税法・法人税法・相続税法・国税徴収法・固定資産税・事業税を含めて税務会計総合とする書物が出版されている｛『税務会計綜合講座 全七巻』（第一巻：簿記論/田島四郎著，簿記演習/大山政雄著，第二巻：財務諸表論/片岡義雄著.財務諸表演習/天野恭徳著，第三巻：所得税法/志場喜徳郎著，第四巻：法人税法/坂野常和著，第五巻：相続税法/瀬戸山孝一著，国税徴収法/高田寿史著，第六巻：固定資産税/萩原幸雄著，事業税/大村襄治，第七巻：税務会計綜合講座・別巻），税務経理協会，1959（昭和34）年）｝のである。税務会計の体系がなぜ法人税法上の課税所得算定のための体系とされるようになったかについての私見は，本文の4．(2)，49ページから50ページの〔考察〕で記しているのでご参照いただきたい。また，近年になって，法人税法・所得税法・消費税法・相続税法を含めて税務会計の体系とするものがある。これには，中島茂幸・櫻田讓編著『ベーシック税務会計（初版）』創成社，2007（平成19）年，同編著『ベーシック税務会計＜個人課税編＞（初版）』創成社，2011（平成23）年，同編著『ベーシック税務会計＜事業体課税編＞（初版）』創成社，2011（平成23）年がある。

〔補足〕「税務会計」あるいは「税務会計論」の定義を示すことなく,「税務会計」あるいは「税務会計論」の名称を用いた文献がほとんどである。「税務会計」と「税務会計論」との区別を明確にすることなく,同義的に使用されているのが実状であろう。ここでは,学問体系における税務会計論を念頭に置いて述べていくため,「税務会計論」と表記する。

しかし,社会科学としての経済学,経営学,会計学そして税務会計論との関係の中で,税務会計論の体系を法人税法上の課税所得算定のための体系とすることは,はたして適当であるといえるのであろうか。

2. Science（科学）と社会科学

ここで提起した問題を紐解こうとする際,まず,science（科学）と社会科学との関係を示し,社会科学と経済学,経営学及び会計学との関係を明確にすることが必要になると思われる。このような大きな命題に対し断定的な解釈を示すことは慎重になされるべきであるが,税務会計論の学問的位置付けを明示する,そして税務会計論の体系を導き出すためには必要な思考の前提であると思慮する。

(1) 学問の前提としての「良心」の存在（想定）

人はこの世で生き日々活動している。人は日々個々の想いの中で生活している。人の想念の世界で何がベースとなっているのであろうか。人は澄みきった秋空を見てすがすがしくさわやかな気持ちになる。小径に咲く花を見て美しいと思い,心を和らげる。人は心地よいものを好む。このような想い,想念はどこから来るのであろうか。生まれながらに持っているのであろうか。もしかして人のこのような想念は個々人多少の差異はあるにしても,大多数の人々に共通するものがあるのであろう。人は自然に胸に湧き出る好ましいものを志向する。好ましいものは胸に手を当てれば,それが自ずとわかる。この好ましいと感じる気持ちを,ここでは「良心」と定義づけよう。この「良心」の存在は,

これから考察しようとする社会現象を演出する人々の行動の根底にあり，社会科学を考察しようとする研究者の思考の根底にあって，そして実は，人々の思考や行動のすべてを包み込んでいる全体と思われる〔補足〕。

〔補足〕もちろん日々の生活において，ここでの「良心」以外の想念を人は抱くことがある。すなわち醜い想念等である。しかしながら，ここでは「良心」以外の想念に焦点を当てない。なぜなら現世においては「良心」こそが崇高であると思われるからである，すなわち，すべての人々に受入れられる想念が「良心」であって，これを発露とする思考や行動は進化・発展すると思われるからである。

社会科学の研究領域が人々の演じる社会現象であるがゆえに，その行動の一つ一つにそれぞれの「良心」に基づく価値観があり，これが社会現象の行動を演ずる人々の思考の根底にあることは常に念頭に置くべきではなかろうか〔考察〕。

〔考察〕人が好ましい，と感じる気持ちが何らかの事情，例えば国家権力等によって表現できない，あるいは制限されている環境，すなわち，「良心」の存在が認められない環境における社会現象は，本稿においては考察の領域から除かれることになる。

例えば，現実には倒産する組織体が存在するにもかかわらず，経営学はなぜ研究の対象を（後述するように）「継続的事業体」と限定するのであろうか。会計学はなぜ「ゴーイングコンサーン」を仮定するのであろうか。これらのことを説明している経営学の，会計学の文献に触れたことがない。現実の世界は不確実である。事業体の経営者は「自己の事業は必ず継続し続けるのだ，経営破綻や倒産は絶対にない。」と信じているのであろうか。「下手をすればいつ破綻や倒産するかわからない。」と思っているのが多くの事業体経営者の胸中であろう。多くの事業体が経営破綻や倒産をしているのが現実であるにもかかわらず経営学は「継続的事業体」を考察の前提にしているし，会計学が「ゴーイン

グコンサーン」を仮定しているのはなぜであろうか。

　それは，継続することによって，ゴーイングし続けることによって，かかわりを持つ人々は働く生きがいを見出し，また事業体やコンサーンは利益を生み出し，その配分によって望ましい経済社会が生まれ，望ましい社会生活が営まれることへとつながるためであると，意識するしないにかかわらず，判断していると解せざるを得ない。すなわちそこには人としての「良心」からの価値観が考察の前提にあるとしか思われない[2]〔考察〕。

　　〔考察〕①翌期に事業を廃業することが予定されている場合，②事業再編で事業組織変更や事業内容が変更される場合については「継続的事業体」といえるのであろうか。①については翌期に事業を廃業するまでは継続するという理由から。②については事業再編で事業組織や事業内容を変更することによって，全体としての事業を継続させようとしている理由から「継続的事業体」といえるであろう。
　　〔考察〕会計学が「ゴーイングコンサーン」を仮定する理由は，会計学が認める減価償却（コストアロケーションまたは費用配分論に基づく減価償却）を行うためである，とする意見を聞く。しかし，この考え方は適当ではないであろう。すなわち継続的事業体が資産を取得した場合，①一期償却，②利益が生じた場合の随意償却，③計画的規則的な償却，④廃棄法（retirement method）による償却が考えられるが，①については継続することを前提に資産を取得するはずであるという理由が，②③については継続を前提としているはずであるという理由が，④については少なくとも廃棄するまでは事業を継続することを見込んでいるはずであるという理由が考えられる。会計学が認める減価償却は③に該当するが①から④までのケースは全て「ゴーイングコンサーン」を仮定しているといえよう。従って，③の減価償却を行うために会計学では「ゴーイングコンサーン」を仮定としている，ことにはならないであろう。

2　倒産する事業体の研究は，確かに一部の研究者によってなされていたようではあるが，それは倒産させることを目的として考察しているのではなくて，倒産を予防する目的での研究であろう。これには，倒産とは直接的な関係があるとは云い切れないかもしれないが，大矢知浩二の「上場廃止会社沿革」に関する一連の研究がある，と思われる。

継続して社会に役立つものであってほしいという人々の「良心」からの願いが社会現象を演ずる人々の，そして社会現象を考察領域とする社会科学を研究する人々の，意識の根底にあるように思えてならないのである。ゆえに，経営学や会計学においても人の「良心」に基づく価値観が考察の前提として存在しているように思えてならない。

人の「良心」に基づく価値観は，社会現象としての経済，経営，会計，税務会計の判断や行動のために，認知する，しないにかかわらず厳然と存在していると思われる。すなわち好ましい経済，好ましい経営，好ましい会計，好ましい税務会計を，人々は好んでいる。そして，経済学，経営学，会計学，税務会計論等の社会科学は人の「良心」に基づく価値観に従って経済活動を考察し，経営活動を考察し，会計実務を考察し，税務会計実務を考察している。そして人々は，考察の結果を，納得可能な説明として求めているであろう。社会科学が人々の行う社会現象をそれぞれの分野で研究領域とする限り，人の「良心」と価値観をそのベースとして念頭において考察を進めることは重要であると思われる〔補足〕。

〔補足〕人の利害は対立する。ある人にとって「好ましい」と思えることがあっても，他の人には別の「好ましい」と思うことがあるために，対立することもあるだろう。しかし，この稿では経済上の利得のためだけに「好ましい」と思われることを述べているのではない。自己の経済上の利得のために「好ましい」と思うことを遂行し相手にダメージを与えるとしたら，本当の意味での，胸に手を当てたうえでの「好ましい」ことにはならないであろう。ここで述べている「良心」とは相手を思いやる気持ちを含む，人として自然に湧き上がる想念のことを意味している。

〔補足〕取引は経済現象であって，会計はこれを評価するもので経済現象ではない。また，社会現象と経済現象は異なるものである，との意見がある。これらの意見は従来の，伝統的な思考であろう。しかし，この稿を通して一貫して流れている思考は，従来のいわゆる伝統的な思考とは異なる。すなわち，「良心」という心を持った人の行う社会現象・経済現象を一体のものとして捉えているものである。従来の思考にとらわれず，人が行う活動に視点を当てて，

あらためて学問体系の見直しを行ったうえで税務会計論の体系を示すものである。

ものごと,そして人の世にも歴史があるように,そして役割り(地位)としての上位と下位があるように,学問においても歴史及び役割り(地位)としての上位と下位があるだろう。

ここで「良心」の位置付けを整理するため,「良心」は人の意識を超えた神からのものであると想定しよう。神が存在するから,人の「良心」に基づく価値観が存在すると想定しよう。であるならば,初めに人の「良心」に基づく価値観の存在があって,その後,神が存在するということはあるまい。つまり神が上位で人の「良心」に基づく価値観が下位である〔考察〕〔補足〕。

〔補足〕ここでの神とは,一神教か,多神教か,イスラム教か,キリスト教か,ユダヤ教か,仏教か,といった個別の宗教上の神(あるいは仏)のことを云っているのではない。人が好ましいと感じる気持ちを「良心」と定義し,その「良心」の発露は人以外の「神」であると想定するのである。

〔考察〕近代西洋型の大学の最初で1088年に設立されたとされるイタリアのボローニャ大学において,また12世紀前半が起源とされるパリ大学においても神学部が草創期から設立され,神学は学問の中心的存在と考えられていたようである。また,こんにちの日本の大学をみても,建学の精神に宗教の宗派の理念を置いている大学も多数存在する。このような大学においては神(あるいは神に近い存在)を学問を行う際の最高位に位置付けているものとうかがえる。また,西洋に「哲学は神学のはしため」ということわざがあると聞く。人如何に生きるべきかを考察する哲学は神を考察する神学の下にあるとするものであろう,当を得ていると思われる。

また,人の「良心」に基づく価値観があるから,政府が成立する。政府というものがはじめにあって,人の「良心」に基づく価値観が存在するということはあるまい。つまり人の「良心」に基づく価値観が上位で政府が下位である。また,政府があるから法律が成立する。法律というものがはじめにあって政府

が存在するということは成り立つまい。つまり政府が上位で法律が下位である〔補足〕。

〔補足〕紀元前1750年頃の世界最古の法典とされる「ウル・ナンム法典」，その約350年後のものとされる「ハンムラビ法典」は，前者はウル第3王朝・初代ウル・ナンムによって，後者はバビロニアを統治したハンムラビ（ハムラビ）王が発布したとされる。なお，旧約聖書の出エジプト記に記されている「モーセの十戒」はモーセが神から与えられたとされるもので，戒律であってここで述べている法律とは異なる。

また，政府があるから経済体制が成立する。経済体制がはじめにあって政府が成立することはあるまい。つまり政府が上位で経済体制が下位である〔考察〕。

〔考察〕政府が存在していなくても経済体制が成立してきたとの見解がある。しかし，経済体制が成立するためには統治する者と統治される者との関係が成立するものであることは否めないであろう。統治するものが家長，族長，領主等であって，それがコミュニティといわれるものであっても，そこには現代における政府と同等の統治関係が存在しており，その統治体制のもとで経済体制が成り立っていたといえるのではないだろうか。

また，経済社会の体制があるから企業が存在し経営が成り立つのであって，はじめに企業が存在し経営があって経済体制が存在するということはあるまい。企業が存続し得るのは，経済体制が確立されているからであろう。つまり，経済体制の基盤において経営が存在する。経済社会が上位であって，経営が下位である。また，企業の経営があるから，経営の中に必要性のために会計が成立する。会計というものがはじめにあって，経営があるということは成り立つまい。つまり経営が上位で会計が下位である。また，会計があるからその中に税務会計が成り立つわけで，税務会計がはじめにあって会計というものが成立するわけではないであろう。この意味で会計が上位で税務会計が下位であるとい

えよう。観念の上位から説明すれば上記のようである。

　このように考えてくると学問として分科している経済学，経営学，会計学の位置付けは決して並列的なものではなく，包含する側と包含される側に区分されるべきものであると思われる。

　社会現象は可視的であって一つのものである。その可視的に一つのものを人為的に，個別的に区分し，細分化して細分化された枠の中でのみ考察するとした場合，必ずしもあらゆる問題の答えは出ないであろう。すべてを包括する全体と細分化された部分の関係を明らかにして考察することを重視すべきであろう。このことは西洋医学において分化（分科）された人体の部位のみを考察することに似ている。部位の考察は重要であるが，人体全体としての関連を常に念頭に置きながら考察することが重要で，その部位の，そして人体全体の問題解決に繋がることになるであろう。筆者は社会科学の学問の考察に際しても同様であるべきと思う。すなわち，政治学，法学，経済学，会計学及び税務会計論の考察はそれらの枠の中だけの考察のみですべての問題を解決できるのではなく，全体の学問体系を認識し，分化された部分を考察すると同時に常に全体の関連を意識すべきと考える。なぜなら社会現象の実際は，分化された学問分野が統合された，可視的事象そのものしかないからである。

　以上のような学問体系における税務会計（論）の位置付けの想定を図示すれば図表Ⅰ－1のようになる〔補足〕。

〔補足〕右の図において，神・良心の部分は観念論として捉え，政治・法・経済・経営・会計・税務会計の部分は唯物論として捉えるべき，そして唯物論を扱うのが社会科学である，との意見を聞く。しかしながら，これら唯物論とされる学問に対しては人の心や行動を扱う心理学での考察も併せてなされている。心理学は人の心の動きや行動を扱うものであるが，すでに分化された個々の学問に対して持ち込まれている。例えば，産業心理学・スポーツ心理学・消費者心理学等。これらは分化された学問それぞれに対して心理学的アプローチも必要との判断からなされているものであろう。しかし，本稿で述べる「良心」はこのような既に分化している学問分野個々に対する心理学的必要性を述べているのではなく，すべての人の行動にはその前提として「良心」

が存在し，それは無視できないとしているのである。すなわち，この図のすべてにおいて神からのものと想定する「良心」を根底としての現象と捉えているのである。

図表Ⅰ-1　学問体系における税務会計（論）の位置付けの想定

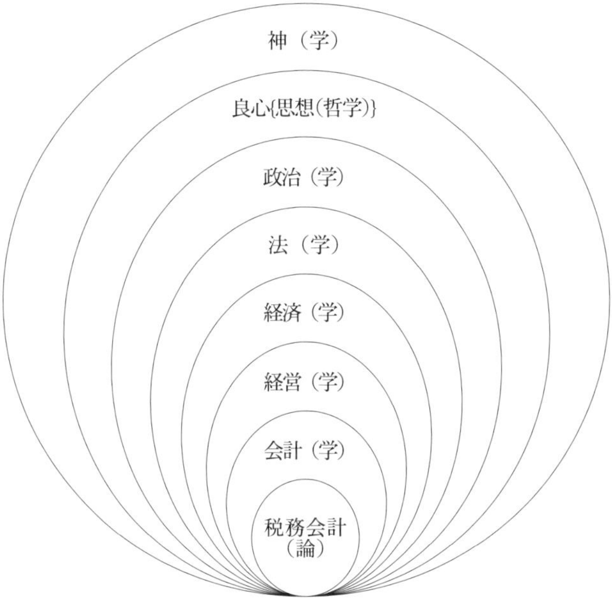

神（学）
良心{思想(哲学)}
政治（学）
法（学）
経済（学）
経営（学）
会計（学）
税務会計（論）

（出所：濱沖2013，28ページ，図表2-1）

また，観念の下位から説明すれば次のようになる。すなわち，税務会計の問題は会計にその答えを求めれば解明できることがあるであろう。そして会計の問題は経営にその答えを求めれば解決できることがあるであろう〔補足〕。

〔補足〕もし，税務会計の問題は税法の立法趣旨にその答えを求めることができる，とした場合，確かに税務会計は後述するように，税法の枠の中での会計ではあるが，このスタンスは租税法の立場となり，税務会計論の立場ではない。税務会計の問題は，会計にその答えを求めることによって解明できると理解することによって，後で述べるように税務会計論の存在意義を見出すことが出来るであろう。

経営の問題は経済にその答えを求めれば解決出来ることがあるであろう。経済の問題は法にその答えを求めれば解決出来ることがあるであろう。法の問題は政治にその答えを求めれば解決できることがあるであろう。政治の問題は人の「良心」からの価値観を見定めることが出来れば答えを得ることが出来るであろう。

学問は一つの事象を細分化し，考察の領域を限定し，その中で理論立てしようとするものであるが，あらかじめ存在すると思われる整除された全体的な想定に基づいて個々の問題を紐解こうとする思考は有益であると思われる。すなわち，学問に対する一つの確信的な意味合いを持つ全体観念を念頭に堅持しながら考察することが第Ⅰ部のテーマを紐解くカギになると思慮する。すなわち，このように学問の全体像を想定し順序立てて考察することによって税務会計論とは何かを導き出すことが可能になると思われる〔補足〕。

〔補足〕一般に学問を論じる際，はじめに学問の領域を確定するとが必要とされる。仮に学問体系の全体像を意識せずに，その学問のみ単独で領域を確定し，その中で，合理的に，論理的に考察するとすれば問題解決につながるかもしれない。しかしより多くの問題解決のためには分化された学問相互の関連を意識した思考が重要と思われる。

会計学研究の方法論は従来，経済学的アプローチ，法律学的アプローチ，組織論的アプローチ等がなされてきた[3]。しかしながら会計学を他の隣接諸科学と並立的に捉えてのアプローチでは，会計学の一面は捉えられても会計学の社会・経済的な役割と存在意義は捉えきれないように思う。社会科学は有機的組織体としての社会の中で，それぞれ生成されてきたものであり，それぞれの分野の現象は他の分野の現象と密接に，有機的に結びついたものであって，従って社会科学の一つの分野の考察も他の分野の考察と密接に，有機的に結びつい

3　青柳文司「第三章　会計学の中心概念」黒澤清編『会計学基礎理論（第１版）』中央経済社，1980（昭和55）年，124ページ。

たものと捉えるべきであろう。個々の学問が孤立して存在し，自己完結しうるものではないであろう。ならば，個々の学問を包む全体の学問体系を観念することが，学問の社会的有用性（その役割と存在意義）を見出すためには必要なこととなるのではないだろうか〔考察〕。

　　〔考察〕社会現象としての継続的事業体の会計担当者が行う事象を従来どのように説明してきたのであろうか。関係する学問単位での切り口の違いに他ならなかった。税法の切り口で説明するのか。経済の切り口で説明するのか，経営の切り口で説明するのか，会計の切り口で説明するのかということであったであろう。後ほど「序章」2．（87ページから91ページ）で述べるような税法（学），経済（学），経営（学），会計（学）の立場から税の説明を行うことは，税に対する理解の一助となり，この意味で有益であろう。また，このような税への個別学問からのアプローチは，従前より了解されてきたことではあろう。しかしながら，税に対して各学問が並立的に捉える思考では，可視的社会現象の本質を捉えきることはできないと思慮する。

　学問として考察しその有用性はどこにあるのかを見定める時，それは，それぞれの学問の領域に関わる，現在及び将来の「人」に役立つものであるはずである。そこに学問の存在意義を見い出だそうとするスタンスにおいて，学問全体の位置付けはとても重要なものであるのではなかろうか〔考察〕。

　　〔考察〕思考に際しての普遍性，論理性，整合性等の追究は確かに重要であるが，そのことよりも社会的有用性を重視することが，社会科学が採るべきスタンスであるはずである。

　考察におけるプロセスの入り口で，このような学問体系を考察の前提として見据えておくことは重要なことで，先に示した「図表Ⅰ－1　学問体系における税務会計（論）の位置付けの想定」に示す思考は後で述べる税務会計論の役割及び存在意義を見出す時のメルクマールになるのである〔補足〕。

〔補足〕社会科学を考察する時,「心」を持った人の活動であるにもかかわらず,「心」を無視して, 切り離し, ましてや, 神・心の部分を観念論として社会科学とは切り離し, 経済・経営・会計・税務会計を論ずるのが従来の考え方であったと思われるが, このような考え方を否定し, あくまで「心」のうちの「良心」を持った人の社会・経済現象を考察することが, 学問の社会的有用性を見出すためには有用であると主張するものである。

さらにみれば, 社会科学としての経営学, 会計学, 税務会計論は人々の演ずる社会現象としての経営, 会計, 税務会計を考察領域とする。このような社会現象(経営, 会計, 税務会計)と社会科学(経営学, 会計学, 税務会計論)の関係を示せば図表Ⅰ-2のようになる。

図表Ⅰ-2　社会現象(経営, 会計, 税務会計)と
　　　　　社会科学(経営学, 会計学, 税務会計論)の関係

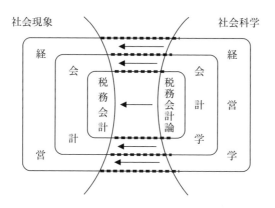

(出所:濵沖2013, 29ページ, 図表2-2)

この図における社会科学の考察結果は, 社会現象を営む人々に役立つべきものとなるはずである。すなわち, 経営学は経営に携わる人々に, 会計学は会計に携わる人々に, 税務会計論は税務会計に携わる人々に役立ってこそ, その存在意義があることを再認識すべきであろう。この図における矢印は社会科学側からのみ示されているが, これは考察結果として社会現象を営む人々に役立つ

という意味を示すものである。この意味あいを論じるために，以下でscience（科学）について触れることにする。

(2) 社会科学の存在意義（想定）

science（科学）への捉え方は，社会現象の変遷に従って，歴史的に変遷しているようである[4]が，scienceは法則性を追究するものである，として稿を進めていくこととする〔考察〕。

〔考察〕社会科学辞典によれば，科学は「…物事の客観的法則性をあきらかにし，一群の基本法則をもとに理論体系を作る」[5] ものとされている。

scienceは大きく自然科学と社会科学に区分されよう。自然科学は「自然界に生ずる諸現象を取り扱い，その法則性を明らかにする」[6] ものとされる〔考察〕。

〔考察〕かの会計学者，佐藤孝一は，「自然科学（Naturwissenschaft）は，客観的科学とも称せられ，研究対象が自然現象であるから，天文学者が…観察・実験・分析・比較・連結・総合等行い，研究対象についての説明を提示するが，しかし，それぞれの分野における法則を発見し，これを公示した後においても天体は依然として軌道を運行し…」[7] として，自然科学の研究対象が自然現象であって，法則を発見し，公示するものであることを述べている。

一方，社会科学とは人を取巻く環境の中で，人が社会的存在として行動する

---

4 「科学」社会科学辞典編集委員会編『新版 社会科学辞典（新版第1刷)』新日本出版社，1978（昭和53）年，26〜27ページ及び「科学」社会科学辞典編集委員会編『新編 社会科学辞典（新編第4刷)』新日本出版社，1989（平成元）年，41ページ参照。
5 「科学」社会科学辞典編集委員会編，同上辞典（新版第1刷)，26ページ。
6 新村出編「しぜん・かがく【自然科学】」『広辞苑第六版』岩波書店，2008（平成20）年，1,233〜1,234ページ。
7 佐藤孝一『博士・修士・卒業論文の書き方（21版)』同文舘，1987（昭和62）年，21ページ。

事象について実証法的方法によって考察するものであろう〔考察〕。

〔考察〕社会科学は「社会現象を対象として実証法的方法によって研究する」[8] ものとされる。

しかし，社会科学での実証法的方法によって，ある程度の傾向性は見出しうるとしても，絶対的な法則性を見出すことができると云い切れるのであろうか〔考察〕。

〔考察〕佐藤孝一は，「社会科学（Gesellschaftwissenshaft）においては，研究対象が…社会現象であるから…社会科学における法則なるものは，歴史上のある特定の時点または特定期間における人間の行為・行動の単なる説明にすぎないものであり，その結果，新しい法則が新しい行為・行動を説明するのに必要とされる」[9] として，社会科学における法則といっても，それは人間の行為・行動の単なる説明にすぎないものとしている。

例えば，経済学においてエコノミストは株価の法則性を見出し，株価予測を的中させているのであろうか。的中させていないとすれば，エコノミストは何のために株価予測の考察を行うのであろうか〔考察〕。

〔考察〕経済学にはセイの法則，グレシャムの法則，一物一価の法則，オークンの法則などの法則がある。しかしながら，これらの法則といわれるものは，特定の条件を設定しての仮定であったり経験則であったりするためすべての個別事項に合致する普遍的な法則とは云えないであろう。現実社会は様々な条件が複合的に組み合わさっての現象であるから，自然科学の法則とは異なり，社会現象の法則を真に見出しているとは云えないであろう。これらの経済学上の法則は経済社会にかかわりのある人々に経済現象を説明し，納得を得る

8 　新村出編「しゃかい・かがく【社会科学】」，前掲『広辞苑第六版』，1,294ページ。
9 　佐藤孝一，前掲書，2ページ。

ための考察であると理解すべきものと思慮する。なお，ジニ係数は，経済などの傾向性を説明するために示される一つの手法あって，法則ではないであろう。

〔考察〕2013（平成25）年のノーベル経済学賞はアメリカのファーマ教授，シラー教授，ハンセン教授が受賞した。授賞理由は，ファーマ教授は短期的な資産価格の予測は困難としたこととされる。シラー教授は3～5年先といった比較的長期の資産価格はある意味で予測可能であることを示したこととされる。また，ハンセン教授は統計的手法によって，さまざまな市場で「効率的市場仮説」が成り立たないことを示したこととされる。これら3教授の研究への贈賞は矛盾しているとの見解があるとされる。このことは以下を意味すると思われる。すなわち，現時点において経済学における資産市場への法則性の解明はできていないが，解明しようとする試みに対してノーベル経済学賞が授与されたものと思われる。

社会現象に法則性が存在することを見出し切れないとすれば，社会科学の存在意義は何なのであろうか。自然科学の多くの学問分野においては，閉鎖された領域（クローズドシステム）内を考察するものであるから法則性を見出しうることに対し，社会科学は開かれた領域（オープンシステム）についての考察である。その時代時代の人々の社会に対する認識，政治への関心，経済との関わりが，社会科学の土壌としてあろう。時代によって社会・経済への希望，期待，将来に対する思いは変化していく。そしてとくに多様に変化する人間の心理を包含しているものであるから，研究対象に法則性を見出すことが困難であるようにも思える。法則性を見出すことができないとすれば社会科学はscienceであるといえるのであろうか〔補足〕〔考察〕。

〔補足〕自然科学と社会科学とは異質なものであるという印象が一般的にはあるが，社会科学とは何かということに関しては，未だ明確とはなっていないようである[10]。

10　富塚義一『会計認識論－社会科学からのアプローチ（初版）』中央経済社，1997（平成9）年，35ページ以下。

〔考察〕ジョージ・オリバー・メイ（George Oliver May）は、「会計はscience（科学）ではない、それはart（技術）である。しかし、それは広範な有用なart（技術）である。」[11] として、会計のscience（科学）性を否定している。

〔考察〕また、黒澤清は、「企業会計の事実は自然科学的な事実とは本質的に異なり…それは人間の作った関係（man-made-relationship）にすぎない…自然科学のようにこれを静的な事実としてとらえることはできない」[12] としている。

かつてわが国における会計学の権威者であった太田哲三は、減価償却の考察に長年に亘り取り組んだ。その考察結果として、減価償却の本質は会計学（理論）にはなくて、経営財務計算（経営財務論）にあるとしたのであった。すなわち会計学上のコストアロケーションまたは費用配分論の考え方では減価償却は説明できないどころか、会計理論での減価償却計算の結果は、ほとんどすべてといってよいほど当該資産の現実の姿とはかけ離れたものである。減価償却を会計学上の理論で説明すればするほど現実の姿とは乖離することになるとし、会計上の減価償却の合理性を批判して、減価償却は「財政的な操作」であるとした[13]。すなわち、会計上の減価償却は合理的なものではないとしている。このことはscienceが法則性を追究するものとした場合、減価償却はscienceにはならないことを示唆するものであろう。

考察の対象としている社会現象とは継続的事業体において会計係が実務を行う可視的現象そのものである。その現象をどう説明しどのように将来役立てる

11　George Oliver May, *Financial Accounting - A Distillation of Experience -*, New York：The Macmillan Company, 1957, p.1, 及び黒澤清『近代会計の理論（5版）』白桃書房、1963（昭和38）年、37ページ参照。
12　黒澤清、同上書、35ページ。
13　太田哲三「減価償却の合理性批判」日本會計学会編『會計』森山書店、第60巻2号、1951（昭和26）年（この論文は、日本會計学会第10回大会での公開講演の要旨である）、及び太田哲三『固定資産會計（初版）』中央経済社、1951（昭和26）年、272～274ページ。

のかというところに社会科学としての考察意義が見出されるのではなかろうか。そうだとするならば，社会科学は，法則性を追究しようとする自然科学とは明確に異なるものといえる。

しかし，社会科学として社会に役立ってきた意味合いは厳然として存在していると思われるのである。社会科学の存在意義は何にあるのであろうか。ここで，やはり先に示した「図表Ⅰ－１学問体系における税務会計（論）の位置付けの想定」に立ち返ってみるべきであろう。すなわち「良心」に照らして社会科学の存在意義を考えるとき，それは社会にかかわりのある「人」に役立つものとなるはずであろう。そうであるなら，どのような役立ち方となるのであろうか。それは，社会にかかわりのある「人」に社会現象を説明し，理解させ，納得せしめて，社会を生き抜くための智として役立つということになるであろう。すなわち，社会現象を考察領域とする社会科学は，「良心」に基づいて行動する人々へ社会を説明し，理解を深め，納得を得るために存在し，ここに社会科学の存在意義があるのではなかろうか[14]。

「良心」に基づく発想や行動を広く一般大衆に説明し，納得を得ることは，人の演じる社会生活のための社会活動において最も重要なことである。ゆえに，社会科学における学問は人々が行う社会現象を考察するものであるから，考察の結果は，当然のことながら社会現象を行う人々に説明し，納得されることを目的としなければならない。この説明，納得は人が行う経済経営活動において最も重要なことのはずである。

社会科学における経済学・経営学・会計学の学問分野の意味合いは，「良心」を持った，経済を行う人々に，経営を行う人々に，会計を行う人々に説明し，

---

14 大学院で指導を受けた財政学の先生（山口大学名誉教授：経済学博士）に伺ったことがある。それは，経済学（財政学）の研究において，研究のプロセスが論理的に正しいとしてもその研究結果の妥当性は「常識」で判断されるべきものであるとのことである。一方，それより以前に学部でのマーケティングの先生に伺ったことがある。それは，研究のプロセスが論理的であれば，どのような結果になっても成り立つものである，とのことであった。しかしそうであろうか。編者は前者の立場をとる。編者のいう「良心」は，前者のいう「常識」に近いものと思慮する。

理解を深め，それらの人々に納得せしめるところにあるのではなかろうか〔補足〕。

〔補足〕近年飛躍的に進展している情報（IT：Information Technology）の分野においての教育内容は，一見人が作った機械の操作を学習していることに終始しているようにみえる。もちろん情報機器の物理的研究あってのことであるが情報機器の物理的考察のみが情報分野の領域ではないだろう。リテラシーとしての情報機器の操作は社会現象であって，社会現象を考察領域とする社会科学として認識されるはずである。ここにおいて情報教育は情報機器の取扱の説明を行うことが基礎となり，また重要なこととなる。また同様の説明が語学の教科においてもなされ得よう。

〔補足〕社会科学が考察対象とする社会現象は，時の経過とともに常に変化するものであるから，研究者にとっては，その学問分野の歴史的変遷をどれだけ体験的に知覚してきたかが重要なこととなる。すなわち考察に際しての知識の蓄積が重要となる。つまり社会科学の考察に必要な知識の蓄積のためにはどれだけ長い時間をかけて社会現象を体験的に知覚してきたか，また研究にかける時間の多さが必要となるのではなかろうか[15]。自然科学の研究成果は自然現象を体験的に知覚してきたか，また研究にかける時間の多さとは，直接的には結びつかないであろう。自然科学の考察において，比較的短期に自然法則が見いだされことは往々にあるのではなかろうか。

＜まとめ＞

社会科学の考察領域は，人の営みである社会現象であって，人の営みは神からのものと想定される「良心」を伴った可視的現象である。「良心」とは，人が好ましいと感じる気持ちのこととする。社会科学を考察する者たちもこの「良心」をもって考察にあたっているものであろう。なぜなら「良心」を発露とする思考や行動は進化・発展すると思われるからである。考察領域の全体は，

---

[15] 編者が30歳代の時，ある「会計学」科目担当の先生から，言葉は適切であるとは思えないが，「40（歳代），50（歳代）は鼻たれ小僧」と聞いたことがある。これは少なくとも会計学研究においては長年の勉強の蓄積が必要であることを意味していると思われるが，うなずけるものがあるのではなかろうか。

この「良心」をもって活動を行う人の可視的現象であると想定する。この考察の全体を一つのものとして，それぞれの学問は分化するが，包含する側と包含される側の関係になるであろう。包含する側から見ていけば，神（学）→良心{思想（哲学）}→政治（学）→法（学）→経済（学）→経営（学）→会計（学）→税務会計（論）となろう。これらすべてにおいて人の「良心」に基づく価値観が考察の前提として存在している。このような想定を設けることによって，社会科学における会計学の応用領域としての税務会計論の社会的役割と存在意義が見出されるであろう。

scienceは法則性を追究するものとした場合，社会科学は，自然科学とは異なり，scienceとは云い難い。社会科学の考察対象が社会活動を行う「人」であるならば，社会科学の存在意義は，社会活動を行う人々に役立つべき内容となるべきであろう。社会にかかわりのある「人」に社会現象を説明し，理解させ，納得せしめて，社会を生き抜くための智として役立つということに社会科学の存在意義を見出すことが出来るであろう。

よって，経済現象・経営現象・会計現象を考察する経済学・経営学・会計学の考察結果は経済・経営・会計にかかわる「人」に役立つべき内容となろう。そして社会科学における経営・会計・税務会計の活動において最も重視されるべきことは当事者の理解と納得という点にあることを鑑みて，経営学・会計学・税務会計論の考察は，経営・会計・税務会計を行う人々への説明を通しての理解と納得の為になされると理解できよう。ここにこれらの学問の社会的存在意義を見出すことが出来るであろう。

3．社会科学としての会計学

(1) 社会科学としての経済学から経営学，そして会計学への分化

歴史を見れば，周知のごとく，経済学から経営学へ分化した。そして経営学から会計学へと分化した。このことについて上田貞次郎[16]，山本安次郎[17]及び太田哲三[18]の書き残した文献を手掛かりに，簡素にまとめれば以下のようであ

ろう。すなわち，諸国の立法に影響を与えたドイツの旧商法（いわゆるドイツ一般商法）は1861年に成立した。ドイツにおいて，この時期（19世紀後半）「商学」が起こり，「商学」は「私経済学」へと名称を変化させていった〔補足〕〔考察〕。

〔補足〕「商学」は，こんにちにおいては，わが国では「経営学」の体系に含められている[19]。
〔考察〕しかし，マーケティング論を中心とする商学は，経済学に内包され，経営学を内包するものと捉えることも可能であると思われる。それは「100年にわたりマーケティングは経済学とその実践に基づく新たな知識を生み出し，経済システムが機能する仕組みに関することに役立ててきた（フィリップ コトラー「私の履歴書30」日本経済新聞，2013（平成25）年12月31日記事，32面参照）」のであるなら，商学は経済学と経営学の中間的位置付けが適当となろう。

一方，ドイツには「国民経済学」があり，「国民経済学」から個別私企業の経済を考察する領域は「経営経済学」へと分化した[20]。「経営経済学」は「経営

16　上田貞次郎『經營經濟學總論（初版）』東洋出版社，1937（昭和12）年，「序」及び24～44ページ。
17　山本安次郎「（記念講演）経営学五〇年の伝統に立って」日本経営学会編『日本経営学五十周年記念特集　経営学の回顧と展望〔経営学論集第四十七集〕』千倉書房，1977（昭和52）年。
18　太田哲三『會計學綱要』嚴松堂書店，1922（大正11）年，1～14ページ。
19　2012（平成24）年8月31日に報告された日本学術会議の「大学教育の分野別質保証のための教育課程編成上の参照基準　経営学分野」（大学教育の分野別質保証推進委員会経営学分野の参照基準検討委員会）によれば，経営学の体系の中に商学を含めている（4ページ）。経営学分野の参照基準検討委員会のメンバーは以下の通り。すなわち，藤永弘（委員長），奥林康司（副委員長），沼上幹，西尾チヅル，平松一夫，吉田文，吉原正彦，池尾恭一，鈴木久敏，能勢豊一，崎山直樹。また，経営関連学会協議会編『新しい経営学の創造（初版）』中央経済社，2014（平成26）年，218～219ページ参照。
20　水原熙「メレロヴィッチ」神戸大学経営学部編『経営学大辞典　第2版』中央経済社，1999（平成11）年，891ページ参照。

学」となり，ドイツにおける「経営学会」の創設は1924（大正13）年であった。「経営経済学」の中でも「計算的思惟」を専門とする分野は「会計学」へと分化した。ドイツにおける「会計学」の考察は，その歴史的経緯から，商事経営を研究する学者たちによって商事貸借対照表論を中心に考察が進められてきた。

　わが国においては，ドイツにおけるこのような学問の流れの影響を受けた。ドイツの商・経営に関する考察をわが国に初めて紹介したのは上田貞次郎であった。そして日本経営学会が創設されたのが，ドイツに「経営学会」が創設された2年後の1926（昭和元）年であった。

　2012（平成24）年8月31日に報告された日本学術会議の「大学教育の分野別質保証のための教育課程編成上の参照基準 経営学分野」（大学教育の分野別質保証推進委員会 経営学分野の参照基準検討委員会）によれば，経営学は社会現象としての「経営」を考察の領域とし，経営とは経営活動であるとしている。そして経営学の対象は，「継続的事業体」[21] であるとしている。

　一方，アメリカにおける「経営学」は，ドイツの「経営学」とは幾分異なり，実務的な色合いが濃いものであった。アメリカにおける「経営学会」の創設は1934（昭和9）年であった。

　また，アメリカにおける「会計学」の研究はドイツとは幾分色合いが異なるもので，それは，Hatfield，Paton，Stevenson達によって新たな展開が示された。現在においてはアメリカの「会計学」が世界の「会計学」の主流となっているといっても過言ではないであろう。

　また，イギリスにおける「会計学」の初期においては，会計士が職業的な立場で著書を著し，そこでは多く実務解釈が示された。すなわち，イギリスにおいては会計士会計学の観点より「会計学」は考察されてきた。

　わが国においては，1917（大正6）年に日本會計學會が設立され，会計学は

21　2012（平成24）年8月31日に報告された日本学術会議の同上報告書によれば，…「経営学は，営利・非営利のあらゆる「継続的事業体」における組織活動の企画・運営に関する科学的知識の体系である」としている。

独立した一科として研究される方向へと進んでいった[22]。その後,わが国における会計の歴史についての総括的なとりまとめは多くの会計学者によってなされてきた[23]。

(2) 社会科学としての会計学の役割と存在意義

会計学も法則性を追究するscienceとは云い難いことについては既にみてきた。であるなら,会計現象を理論的なアプローチで解明することは,それを試みるべく努めることは重要であるとしても,なお会計学の社会的有用性を理論的アプローチのみでは見出しきれないのではなかろうか。社会科学と云われるものの存在価値は,法則性を追究するところにあるのではなくて,社会現象を説明し,人々に納得せしめるところにある,とするならば,社会科学における会計学の存在価値は,法則性を追究するところにあるのではなくて,会計現象を説明し,会計に関わる人々に納得せしめるところにある。ここに会計学の存在意義があると思われる。

以下では,まず会計学の歴史を概観する。

1) 簿記から会計学成立への概観

明治初期において,わが国では,イギリス,アメリカの簿記書が輸入され,簿記への考察が進められた,わが国における簿記書の刊行は,1873（明治6）年のことであった。すなわち,アレキサンダー・アラン・シャンドの講義を翻訳した大蔵省編『銀行簿記精法』の出版及び福沢諭吉がアメリカのBryant&Strattonの著した商業簿記の一部（単式簿記の部分）を翻訳して『帳合之法』として出版したことがわが国における簿記書出版の端緒であった[24]。その後,

---

22 太田哲三,前掲『會計學綱要』,9〜10ページ参照。
23 会計学の歴史的変遷については以下の文献を参考にした。すなわち,木村和三郎『科学としての会計学（上）（初版1刷）』有斐閣,1972（昭和47）年,太田哲三・飯野利夫『会計学（第3刷）』千倉書房,1977（昭和52）年；（初版は1943（昭和18）年発行),中野常男「序章「会計」の起源とわが国における会計史研究の展開と課題」千葉準一・中野常男責任編集『体系現代会計学［第8巻］会計と会計学の歴史（第1版第1刷）』中央経済社,2012（平成24）年。

3．社会科学としての会計学

次第に会計の書がアメリカ・イギリス・ドイツより輸入された。アメリカにおいて，簿記は会計の初歩の位置付けとされ，簿記が会計の一部に含まれている。今日わが国においても簿記は会計の初歩として会計学に含まれている。それは，会計現象は簿記と会計が一体のものであるためであるといえよう〔考察〕。

　　〔考察〕リトルトン（A. C. Littleton）は，「会計理論と会計実務は不可分の関係にあるものであるから，両者とも独自に存在することはできない。実務を完全に理解するためには理論の理解をも必要とする。また，会計理論の有機的構造を理解するためには会計職能として存在する全体的なもの，およびその関連分野についてのあるものを知る必要がある。」[25] とした。ここでリトルトンの云う「会計実務」に簿記が含まれることは云うまでもないであろう。

簿記は，帳簿記入の中2文字を採ったものとされる。また，Book-keepingの発音に倣ったものともされる。いずれにしても，簿記の本来的な役割は事業当事者の必要のためにあると云えよう。すなわち，会計実務上の要請にその役割を見出すことができるであろう〔考察〕。

　　〔考察〕事業の開始に当たり，先行して資金が必要であることが一般的である。投入した資金の額がいくらであって，運用の結果どのような財産に形を変えているのかということを管理するために財産関係の記帳が必要となる。また期待する見返り（売上）に先立って支出した費用が記録される。この記録は費用がどのような性質を持ち見返りに役立つものなのかの確認のために必要とされる。そして，その結果いくらの見返りが生じているのかということも当

24　その後，明治年間に簿記に関する書を刊行したり，簿記に関する意見を表明した人物には，勝村営之助，久保益良，下野直太郎，大原信久，加藤吉松，佐野善作，大谷登喜雄，田代仙太郎，吉田良三等の人物がいる（濱沖典之『法人税における減価償却費の史的研究』泉文堂，2005（平成17）年，「引用・参考文献一覧（年代順）」，165～169ページ参照）。

25　A. C. Littleton, *Structure of Accounting Theory*, American Accounting Association Monograph No. 5 (AAA, 1953), p.1, 及び大塚敏郎訳（A.Cリトルトン著）『会計理論の構造（初版第1刷）』東洋経済新報社，1955（昭和30）年，3ページ。

然記録される。つまりいくらの収入があったのかの記録がなされる。また取引によって生じた債権及び債務の記録も必要である。これらのことは事業上のことであって，事業者自身の必要性から当然記録されるものである。すなわち会計帳簿の必要性は本来的に当事者の必要のためにあるといえる。

目的別に必要とされる原則的な会計帳簿を示せば次のようである。すなわち,
財産管理のための帳簿：現金出納帳・預金通帳・受取手形記入帳・固定資産台帳・得意先帳（売掛帳）等
債務管理のための帳簿：買掛帳・借入帳・未払帳等
投入した資金の記録のための帳簿：元入金（資本金）帳
見返りを得るために支出する記録帳：仕入帳・経費帳等
獲得した見返りを記録する帳簿：売上帳等

継続的事業体の目的，組織等に応じて事業体の簿記システムは構築され，継続的事業体の特性に見合った形での記帳処理が行われることになる。

会計学上の簿記は理論的整合性が存在するという理由で当然のことのように複式簿記とされ，教育においてもこれを扱ってきた。しかし，こんにちにおいても複式簿記がすべての継続的事業体において実践されているものではないという現実を見るとき[26]，会計学上の簿記は実務に対して強制力を発揮するものではないし，強制力を発揮することを目的としているものではないように思える。

日本語の「会計学」は英語のAccountingを訳したものとされる。Accountingはaccountにingを加えたものである。すなわちaccountするという意味である。このaccountには，必ずしも計数を用いての計算書や勘定といった意味に限られるものではなく，「説明」という意味（account for）も含まれる。「会計学」の会計の字義には「説明」という意味は含まれていない。Accountの持つ「説明」の意味が欠落して「会計学」という名称があてられて今日に至っていると

---

26 濱沖典之・新野正晶・谷崎太・鶴見正史「わが国における税務会計支援体制上の簿記実務－簿記教育上の視点から－」日本簿記学会「日本簿記学会年報」第23号，2008（平成20）年7月，70〜82ページ参照。

考えられる。〔補足〕〔考察〕。

〔補足〕管理会計論の意思決定論では計数を用いない語句での説明が多く含まれている。また，財務会計における損益計算書や貸借対照表等の財務諸表への注記も必ずしも計数を用いるものではなく，語句による説明も多くなされる。また近年環境会計が会計学分野において考察されているが，この環境会計の中身は継続的事業体が発信する，多く文章での説明による環境報告書といえるであろう。

〔補足〕英語のaccountにも，ドイツ語のRechnungにも，フランス語のcompteにも説明という意味が含まれる。しかし日本語の会計には説明という意味は含まれない。

〔補足〕かつてドイツにおいて経営経済学から会計学が分科したのは，私経済を計数を用いて表現する分野が特徴づけられて会計学へと分科されたとされるが，イギリス・アメリカの会計学が主流となっている現代の会計学においては，かならずしも計数を用いるとは限らず，文章による「説明」もAccountingの内容となっている。

〔補足〕八田進二は，「会計はAccountingの翻訳語で，報告・説明すること・責任を負うことと訳出される"accounting for〜"に語源がある。単に計算合わせの学問ではなく，関係当事者に説明責任を遂行することに会計の原点がある」[27]と説明したとされる。

〔考察〕Accountingを「会計学」と訳すか「計理学」と訳すかについて，かつて激しい対立があったとされる。すなわち，1915（大正4）年頃から日本会計学会設立の1917（大正6）年にかけて，東京商科大学教授の鹿野清次郎はAccountingを「計理学」と訳すことを主張したのに対して，明治大学講師の中村茂男は「会計学」と訳すことを主張し，「国民経済雑誌」誌上で激しい論争が展開され，結局Accountingは「会計学」と訳する意見が多数に及びこんにちに至ったとされる[28]。「会計学」が仮に「計理学」であったとしても，計理にも「説明」という意味は含まれていない。「会計学」にしても，

---

27 （記事）「日本ディスクロ研究会 福島で第7回大会開催」「経営財務No.3114」，税務研究会，2013（平成25）年5月20日，5ページ。
28 黒澤清『日本会計制度発展史（初版）』経済詳報社，1990（平成2）年，155〜162ページ。

仮に「計理学」であってとしても、これらの表記は、その実質的内容を表すものではないといえよう。

簿記を中心とする会計実務を論理立てして会計学へと成立させる行程は長い時間がかかった。会計学の成立に至る考察は、実務で行われている簿記あるいは会計士が行っていた実務に基づいてこれを理論立てして抽象化し、個々の取引や表示を示すことを試みた歴史であったようである[29]。時代時代における会計実務に理論づけを試み学問としての在り方を模索して会計を学として成立させるために会計上のルールを追求してきた経緯がある。会計学は考え方、手法を概念として捉え、これを論理づけして説明することを試みてきた学問であるといえよう。従って、会計学は個々の取引への考察はなされるが、具体的な個別取引にかならずしも厳格なルールを当てはめようとはしていない。例えば消耗品か資産かの、具体的な判断基準（金額等）を定めるものではないし、減価償却の具体的な個別適用を定めるものではない。

会計学は継続的事業体の経営活動を説明するための原則及び基準といったルールを定めるものであるといえよう。ルールは広く一般に認められなければならない。そして、このルールは様々な組織体への適用を可能とするために、比較的緩やかな範囲で定められるものといえるであろう。すなわち経営者によって作成される財務諸表作成のための処理は、そのすべてが画一的に定められたものではなく、継続適用を条件として複数の処理の選択適用が認められるものである。

また、会計学が定めるルールによって、継続的事業体の会計係（accountant）はなすべき処理のルールを得ることになる。

しかし、また、経営者によって作成される財務諸表は、記録と慣習と判断の総合的表現であって、主観的・恣意的性格を有するものであるともされる。

29　太田哲三・飯野利夫『会計学（第3刷）』千倉書房、1977（昭和52）年、1～2ページ参照。

2）会計ルールへの帰納法的アプローチと演繹法的アプローチ

　会計のルール作りに際して，帰納法的アプローチがなされてきた。これは実務で行われている会計処理の中から一般に公正妥当と認められるものを抽出してそれらをルールとするものである。また演繹法的アプローチがなされてきた。これはあらかじめ抽象化したルールを会計の規範として実務に適用させようとするものである〔補足〕。

　　〔補足〕帰納法的アプローチの例として，企業会計原則・同注解「企業会計原則の設定について」の「二　1」では，「企業会計原則は，企業会計の実務の中に慣習として発達したものの中から，一般に公正妥当と認められたところを要約したものであって，必ずしも法令によって強制されないでも，すべての企業がその会計処理を処理するに当たって従わなければならない基準である。」としている。
　　〔補足〕国際会計基準委員会財団の国際会計基準審議会によって作成される国際財務報告基準の設定が演繹法的会計基準の設定といえよう。

　いずれのアプローチも会計実務のために，そしてステークホルダーのために会計を抽象化してルール作りを行うことを理論立てしようとするものであるといえよう。

3）一般に公正妥当と認められる会計

　個々の継続的事業体が独自の判断で，独自の会計処理を行い，その経営活動を示す計算書等の報告書（説明書）を作成するとすれば，継続的事業体を取巻くステークホルダーにとって，継続的事業体の計算書類等の報告書（説明書）の比較検討の点で，適当とはならない。

　そこで，会計学においては，継続的事業体が行う際に，拠るべき会計に関する規範なり，ルール作りを行うことが必要となる。すなわち，会計学には，一般に公正妥当と認められる会計のルール作りが求められることになる。これにはわが国においては「企業会計原則」，「企業会計基準」，「中小企業の会計に関する指針」，「中小企業の会計に関する基本要領」がある〔考察〕。

〔考察〕帰納法的アプローチ及び演繹的アプローチにおける「一般に公正妥当と認められる会計」は誰がどのような判断基準で「認められる」のであろうか。この点について説明している文献をみたことがない。実は，この「一般に公正妥当と認められる会計」の「認められる」判断は，本稿で述べている「良心」に近い判断でなされているのかもしれない。

4）社会科学としての会計学の役割と存在意義

一般に，経済上の取引において当事者双方の納得が取引の前提となる。会計の世界においても継続的事業体の会計上の主張（アサーション）が会計学上認められるものであって，取巻くステークホルダーに理解され納得されることが重要なこととなる。

問題は，会計学（理論）上の説明に，その受け手であるステークホルダーが納得するか否かということである。この納得ということがまさしく重要である。現代経済社会において求められることは，当事者の行為が他者に説明され，納得されるということである〔考察〕。

〔考察〕加藤盛弘は，「会計の本質は…それは公表による説得にある。」[30] としている。

会計学は，継続的事業体が行う取引を認識するところから始まる。すなわち簿記（会計学）上の資産，負債，資本（純資産）を増加させたり減少させる経営事象を，そして資本（純資産）の増減の発生形態としての費用及び収益の発生または消滅する事象を簿記（会計学）上の取引と認識するところから始まる。そして，これを会計帳簿に記録し，損益計算書，貸借対照表，キャッシュフロー計算書等で報告することによって，継続的事業体の経営活動を外部及び内部のステークホルダーに説明するものであるといえよう。すなわち継続的事業体の経営活動を認識・測定し，報告によってステークホルダーに説明することが会

---

30 加藤盛弘「第1章 アメリカ会計理論の変遷」，宮上一男編『会計学講座第1巻 近代会計学の発展I』世界書院，1976（昭和51）年，2ページ。

計学の役割であるといえるであろう。そのために会計学は原則や基準等GAAPといわれるルールを定めるものといえよう。ここに会計学の特徴があるといえよう。すなわち，社会現象としての可視的会計現象，すなわち会計実務を説明することが会計学の役割であろう。社会現象としての会計実務を説明することは，理論的研究を行う研究者，そして実務を指導する立場にある公認会計士あるいは税理士等の実務家の役割であろう。研究者には教育という重要な任務がある，この教育のために会計実務の説明が必要となる。実務家には実務担当者へ会計実務の説明が求められる。しかしながら，ここで注意すべきは，あくまで会計学上の認識であって，それは一般的な認識とは異なるものである。例えば，一般的な「取引」とは別の認識から簿記はスタートする〔補足〕。

〔補足〕実務でよくある話であるが，資産を購入してただちに支払を済ませた事業経営者に対し会計上，どのような説明をするのか。事業経営者は資金の観点から当然その期の費用に計上すべきと，普通一般的な感覚として思うものである。しかし，その期の会計では減価償却を行い，その計算結果，支出した額の一部しか費用として認められていない。認められなかった支出は費用ではなく資産として計上されており，従って資産計上された額は利益を構成している。そしてこれに課税されている。決算の結果納税のための追加資金が出てゆくことになる。経営者は何故かと説明を求めるであろう。会計を指導する立場にある公認会計士や税理士は何と答えるのであろうか。「減価償却はこんなものです。」と答えるのであろうか？　あるいは「現代における会計理論は基本的に動態論に基づく費用配分論であって，この関係からコストアロケートしています。その前提はゴーイングコンサーンにあります。」等と説明したとして，「ゴーイングコンサーンの希望は持ち続けているが，過去においてもこんにちにおいても，立派な会社が突然経営危機になったり倒産したりする。当社もちょっとしたつまづきでいつ経営破綻するかわからないのが実情だ。ゴーイングコンサーンの考え方は現実を無視したものではないか。だから支出した金額を早く費用にしてくれ。」との経営者の主張に会計を指導する立場の者はどのように答えるのであろうか。

このように会計実務の専門家が会計事務処理を説明するための理論を模索する会計学は，経済社会ひいては一般社会に対し継続的事業体の経営活動を説明するために可能な限り合理的で論理的な説明をするための考察を行うものといえよう。

継続的事業体の経営活動を他者にどのように説明していくのかという点が大切である。そして，その説明がなるべく多くの関係者に理解され，納得され，社会共通のルールとなることが重要なことである。

納得を得るためには会計学上のルールが社会一般に認められることが重要である。例えば，ゴーイングコンサーンへの考え方，動態論に基づく費用配分論の思考に起因する減価償却の考え方が，社会一般的に認められるものであることが重要である〔補足〕。

〔補足〕減価償却に関する，先に述べた太田哲三の研究結果でいうなら，償却の結果が現実の資産の状態とほとんど異なっても全く問題はないのである。「継続的事業体は繁栄して継続していくという，「良心」からの事業体の明るい将来を期待して，その存続を前提とする。そして先行投資された資産の生み出す価値は，その資産が稼働する限り継続するものである。継続する限り，当初望んでいた見返り，すなわち収益を，その資産の存続期間中生み出す。生み出された結果の要因として先行投資した資産の存続する期間を想定して割り振っていく」と会計学（理論）が説明し，この考え方が，広く一般経済社会の人々に投げかけ，この考えに賛同する多くの人々の支持を得たなら，減価償却の考え方は人々の共通の継続的事業体活動を測定するルールとして社会的に成り立つものであるし，実は，このような前提があるものとして，会計学は現在社会で受け入れられているといえるのではなかろうか。

ゴーイングコンサーンを前提として，動態論に基づき適正な期間損益計算のためには適当であるとされている発生主義，これに基づく固定資産の減価償却，費用，収益の見越し，繰延べの処理にしても適正な期間損益計算という命題を具体化し，継続的事業体を取巻くステークホルダーへの説明のためのツールとして認められているのであって，そのツールの内容が会計の専門家において共

通認識され，その結果，社会一般の継続的事業体を測るツールとして認知され評価されるに至ることが重要のものとなる。この点にこそ会計学の社会的な役割があり，そこに会計学の存在意義があるといえるのではなかろうか〔考察〕。

〔考察〕黒澤清は，「会計行為（accounting actions behaviors）は，会計に関するルール，すなわち会計公準および会計原則によって支配された社会行動である。ルールに支配された社会行動として，資本および利潤計算の体系すなわち会計的秩序を理解することによってのみ，企業の物的秩序と，企業体制を基礎とした全体社会が，ゴウイング・コンサーンとして存続する意味とを解釈することが可能となるのである。このような意味理解の方法の導入を通じて，会計学は社会科学となることができるであろう。」[31]としている。

〔考察〕加藤盛弘は，「理論的整合性＝合理性が会計の目的ではない。財務諸表の「信頼性」を獲得し，その信頼性を基礎にして説得するところに目的がある。理論性はあくまでもその信頼性をうるために「合意」をうる手だてであって，理論性自体に自己目的があるわけではない。」[32]としている。

〔考察〕会計学に対する懐疑的な意見

会計学は現実の経済社会における会計事象を本当に解決しているのかという疑念を抱く人達がいる。社会的有用性のためというよりも研究のための研究になってはいないかという疑念である[33]。あるいは会計学研究は継続的事業体が引き起こす粉飾の類の事件や問題を解決することに繋がっていないので

31　黒澤清「第1章 会計学の方法論的基礎」，黒澤清編集『会計の基礎概念（初版）』中央経済社，1968（昭和43）年及び『同（九版）』，1973（昭和48）年，4〜5ページ。
32　加藤盛弘「第2章 メイ会計理論」，宮上一男編，前掲書，69ページ。
33　例えば（記事）芙蓉「ハーフタイム　会計学研究は役に立つか」「経営財務」No.3083，税務研究会，2012（平成24）年10月1日，46ページには「…いまの社会がかかえている大きな問題を解決しようとするものでなく，…タコつぼ型専門家を脱するには，会計専門分野に閉じこもるのではなく，隣接分野に目を向けることがどうしても必要になる。」として，1912（平成24）年8月30日から9月1日にかけて一橋大学で開催された日本会計研究学会での統一論題「会計学研究は，企業や経済社会が直面する課題にいかに貢献できるか」での諸発表に対して否定的な意見を述べている。ただ，統一論題のテーマそのものが，本来的な会計学の役割と社会的存在意義を踏まえた上で設定されたのかという疑念がある。或は会計学の役割と存在意義を踏まえて，アンチテーゼ的にテーマを定めたものではないのかとうかがえる。

はないかという疑念である[34]。つまり，継続的事業体の経営活動を会計学のフィルターに通しても，ステークホルダーの期待を裏切るとき，会計学はその役割を果たしていないと社会的に映るという疑念であると理解できる。会計学は継続的事業体の経営活動を説明すべく努める。しかし会計学のルールに従って財務諸表を作成する責任は経営者にあって，会計学の役割とは別の次元の責任である。このことに関して例を挙げるならば，会計監査論において期待のギャップと二重責任の原則というのがある。すなわち期待のギャップとは，監査人の監査と社会の人々が監査人に期待する監査の役割との溝または乖離のことをいう。これに対して二重責任の原則とは，経営者に財務諸表の作成責任があること，そして，会計監査人には独立の立場から財務諸表に対する意見を表明する責任があることをいう[35]。つまり投資者の監査人に対する疑念は，GAAPを通しての監査結果が適正であるとしても当該事業体の経営が悪化し経営破綻や倒産等が生じる場合がある。適正意見を表明した監査人に経営破綻や倒産の責任があるのではないかとの疑念である。このような疑念に対し監査論では，会計学（理論）に基づいて一般に公正妥当と認められる財務諸表を作成する責任は経営者にある。監査人の責任は，一般に公正妥当と認められた監査の基準（GAAS：generally accepted auditing standards）に照らして適正か否かの意見表明をすることについてのみである，とするのである。

さらに，ヨリ少ない犠牲（コスト）でヨリ多くの成果（利益）を追求することが継続的事業体経営の本質とするなら，また経営理念を追求し，ヨリ多くの利益を求めないことを継続的事業体経営の本質とする場合においても，会計学は，ここでの継続的事業体経営の本質を追求するものではない。会計学は継続的事業体経営者の経営活動を認識・測定して説明することが役割であり，継続的事業体の経営目的の手段として活用されるとしても，経営目的そのものを達成するものではない。会計学の中に継続的事業体の経営目的の本質を見出そうとしても，それは無理と云わざるを得ないであろう。

---

34 山口利昭『法の世界から見た「会計監査」―弁護士と会計士のわかり合えないミゾを考える―（初版）』同文舘，2013（平成25）年，3ページ。

35 蟹江章「第1章 公認会計士監査の基礎概念」森田良久，蟹江章，友杉芳正，長吉眞一，山浦久司編『スタンダードテキスト 監査論＜第2版第6刷＞』中央経済社，2011（平成23）年，18～20ページ及び，長吉眞一「第6章 監査基準」，同上書，177ページ参照。

会計に関する規範やルールは，法律がこれらを認め，法として成立することによって社会的に強制力をもつものとなる〔補足〕。

> 〔補足〕継続的事業体の会計に関して法律で規定するものには，「商法」，「商法施行規則」，「会社法」，「会社計算書類規則」，「金融商品取引法」，「財務諸表等規則」，「法人税法」，「法人税法施行令」，「法人税法施行規則」，「所得税法」，「所得税法施行令」，「所得税法施行規則」，「消費税法」，「消費税法施行令」，「消費税法施行規則」等がある。

法律の立場からすれば，会計に関する規範やルールを尊重する必要があると考えられる。すなわち，会計に関する規範やルールを可能な限り尊重して立法することが望ましい。このことは国家的及び国際的な見地での，経済資源の有効活用という点においても是認されることになる。なぜなら，会計実務で行われている会計に関する規範やルールに従った会計処理とは異なる会計処理を法律が規定すれば，コストと手間の面で継続的事業体の経済資源を損なうことになるからである。すなわち法律が会計に関する規範やルールを認める理由は，人的経済資源の有効活用という点にあると思われる。

商法は会計のことを「一般に公正妥当と認められる会計の慣行」[36]とみているようである。また，会社法は会計のことを「一般に公正妥当と認められる企業会計の慣行」[37]とみているようである。また，金融商品取引法は会計のことを「一般に公正妥当と認められる企業会計の基準」[38]とみているようである。共通することは，「一般に公正妥当と認められる会計」ということである。

この「一般に公正妥当と認められる会計」をわが国の経済法は会計学に求めていると理解することができるのではなかろうか，そして，「一般に公正妥当と認められる会計」とは何か，を明示する役割が会計学にあると理解できるの

---

36 「商法」第十九条 第一項。
37 「会社計算書類規則」第三条。
38 金融商品取引法の細則である，「財務諸表等規則（財務諸表等の用語，様式及び作成方法に関する規則）」の第一条。

ではなかろうか。

そして，法律が会計学の考え方に基づいて規定することによって，経営活動を，そして会計実務を説明する会計が法の支配下に置かれる。これによって，それぞれの法の目的が達成される一助となり，結果として国としての経済社会秩序が保たれることになろう。ここに会計学の経済社会的な役割を見出すことができるといえるのではなかろうか。

(3) 会計学の領域とその変化

1) 会計学の領域

経営学の考察領域が社会現象としての経営事象であるならば，経営学に内包される位置付けにある会計学の考察領域は，社会現象としての会計事象，すなわち会計実務となるであろう〔補足〕。

> 〔補足〕会計学の領域を確定することの意味合いは，これが明確になってはじめて会計学の体系の中の税務会計論の考察領域を明示することが可能となるところにある。そして税務会計論の考察領域が確定された時，その体系を示すことが出来るであろう。

2) 会計学の領域の変化

会計実務が変化する要因には外的要因と内的要因があると考えられる。外的要因には環境の変化と法律の要因があると考えられる。環境の変化の要因には自然環境，政治環境及び経済環境があると考えられる〔考察〕。

> 〔考察〕現在わが国においてIFRSsを受け入れるか否かの論議があるのは，継続的事業体の置かれている経済的，政治的環境の要因によることに他ならないからであろう。

法律の要因には法律の創設と改正があると考えられる。内的要因には事業体目的の変更，組織変更，事業体廃止の要因があると考えられる。これら，会計

実務が変化すると考えられる要因を示せば図表Ⅰ－3のようになる。

図表Ⅰ－3　会計実務が変化すると考えられる要因

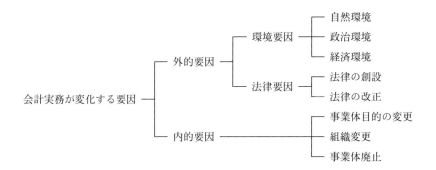

（出所：濱沖2013，40ページ，図表3－1）

　会計実務が変化すると考えられるこれらの要因は，継続的事業体は常に変化している社会の中の融合体の一部であるため，継続的事業体の経営活動に与える変化の要因でもある。従って，継続的事業体を取巻く要因の変化に対応して会計実務は変化し，そこでの会計のルールも変化するものになる〔補足〕〔考察〕。

〔補足〕例えば，いわゆる動態論に基づき損益計算書を中心に考え取得原価主義を採用することをよしとするのか，いわゆる静態論に基づき貸借対照表を中心に考え時価主義を採用することをよしとするのか，という議論は，継続的事業体の置かれている経済社会の要請から損益計算書（フロー）を重視したり貸借対照表（ストック）を重視したりしているに過ぎないといえよう。結局一組の財務諸表をどちらの面から見るのかということに他ならない。

〔考察〕リトルトン（A. C. Littleton）は，「会計は外部環境との関係において，相関的であり進化的である。会計上のテーマを産みだすところのもろもろの事象はたえず変化しつつある。…会計は時代の必要に応じて時代の環境のうちに芽を発したのであった。そして，時代の環境に適応して生長し発展をとげてきた。それが時の流れとともに変遷していった事情は時代時代の諸力の

中に説明を求めることができる。かくして，会計はまさしく進歩的であり相関的であるのである。それは与えられたる動機によって産まれ，与えられたる運命に向かって歩んでいく。」[39]としている。

〔考察〕会計主体論について

　内外の要因に対応して経営はなされ，経営活動を説明する会計は変化する。よって経営の主体は内外の要因に対応して変化するものであって，経営の主体が変化することによって，経営の主体のための会計が行われることになると理解することができる。このことは継続的事業体の内外の要因の変化を受けて経営学は変化し，これらに対応すべく会計学（会計理論）も変化することを意味する。そして，会計の主体が明確にされることによって，現実の会計担当者が本当の会計主体ではなくて，その背後にある実質の主体者のための会計が行われていることを明らかにすることができる。会計の主体が何かということについて，かつて資本主理論（proprietary theory），ペイトンの提唱した企業主体理論（entity theory），スジャーネン（Suojanen）の主張した企業体理論（enterprise theory）等が発展段階的に論じられてきた。現代社会においては，多く企業体理論における代理人説（agency theory）の考え方，すなわち企業体を資本主その他のステークホルダーから独立した実体とみて会計を実施することを前提とする考え方が妥当とされる。この考え方は，資本主理論と変わりないとされる。すなわち，実質的には企業体と資本主を一体とみて会計は資本主のためになされるとみる考え方と変わりないとされる（青柳文司『現代会計学（初版）』同文舘，1974（昭和49）年，68〜72ページ参照。また中村忠「資本主理論（proprietary theory）」編集代表 安藤英義他『会計学大辞典 第五版（第1刷）』中央経済社，2007（平成19）年，673ページ，中村忠「企業主体理論（entity theory）」同上辞典，287ページ及び中村忠「企業体理論（enterprise theory）」同上辞典，288ページ参照）。しかしながら，このように会計主体を明らかにしようとする試みは，学問的には会計学のなすべきことではなくて本来経営学がなすべきことであろう。順序としては経営の主体が特定されて，その主体に見合った会計処理がなされるはずである。本来経営上の認識に対して逆に会計の立場からアプローチをしたもので，従って会計学において会計主体論を論じることは，

39　A. C. Littleton, *Accounting Evolution to 1900*, (New York：American Institute Publishing Co., 1933), pp.361〜362. 及び，同訳書：片野一郎『リトルトン会計発達史（増補版）』同文舘，1978（昭和53）年，490〜491ページ。

本来経営上のそして経営学で考察されるべき経営主体を一般的に想定して考察したものであるといえよう。すなわち，会計主体について会計学の立場から論じることは，一般的な事業体を念頭に置いて，会計理論の可能性を模索するものといえよう。現実は個別具体的な目的や特性を持つ事業体が特定されて，その形態に応じて会計の基準や処理が定められることになる。すなわち，継続的事業体の経営活動の内容に応じて会計は変化する。つまりその経営活動を，より適正に説明するための会計のルール作りが会計学で行われることになろう。例えば，事業形態に応じて，建設業会計，学校法人会計，病院会計，社会福祉法人会計等がある。

会計学のルールとルールを変化させる要因を会計学を中心にして示せば図表Ⅰ－4のようになる。

図表Ⅰ－4　会計学のルールとルールを変更させる要因

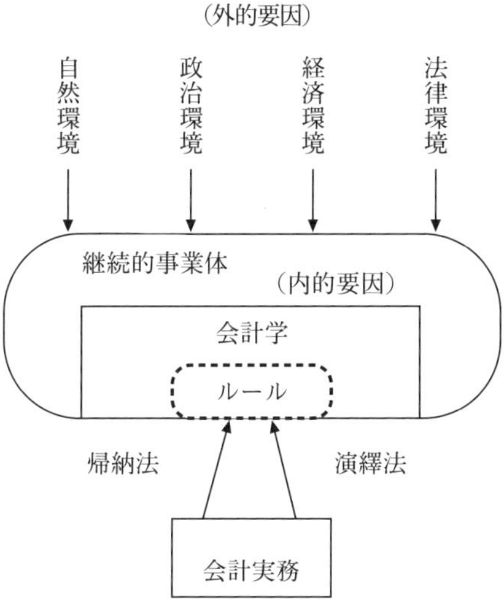

(外的要因)

自然環境　政治環境　経済環境　法律環境

継続的事業体　(内的要因)

会計学

ルール

帰納法　　演繹法

会計実務

(出所：濱沖2013，40ページ，図表3－2)

会計は，社会・経済的には法律の枠の中でなされる行為であるから，商法，会社法，金融商品取引法，税法等の改正や法の創設によって影響を受ける。商

法，会社法の財産表示という視点からの貸借対照表を重視すると考えられるスタンスの影響を受ける。また法人税法及び所得税法の，損益計算を規定[40]しながら影の現金主義ともいわれる純財産増加説の財産増加の実質を見るスタンスの影響を受ける。それらの考え方もGAAPという枠組みの中に入れてはいるのが会計学のスタンスであろう〔考察〕。

〔考察〕居住者が国外財産の一定額を超える場合には，所得税の確定申告の提出時期に国外財産調書を提出する必要がある（国外送金等調査法第5条第1項）。これは，所得を財産の増減でも補足しようとするものであろう。

(4) 会計学の対象

経営学の考察対象が継続的事業体であるため，継続的事業体の経営活動を説明する役割を持つ会計学の考察対象もやはり継続的事業体であるとするのが合理的であろう〔補足〕〔考察〕。

〔補足〕かつて会計学の考察対象はエンティティー（entity；実体）として捉えられるのが一般的であった。その後一般的に企業（concern；unternehmung）と捉えられてきた。しかし先に挙げた日本学術会議の大学教育の分野別質保証推進委員会 経営学分野の参照基準検討委員会が2012（平成24）年8月31日に報告した「大学教育の分野別質保証のための教育課程編成上の参照基準 経営学分野」の経営学の定義では経営学の対象を「継続的事業体」としていることに鑑みて，会計学の対象も「継続的事業体」とすることが適当であると思われるし，エンティティーや企業よりも継続的事業体として広い範囲の組織体を考察領域とすることは，現状をよく云い表しているように思える。すなわち，現代においては企業を含む様々な継続的組織体が活動している社会現象があるため，会計現象を考察対象とする会計学の対象も「継続的事業体」であるとすることが適当であろう。また，「企業」は一般に，一定の計画に従い，継続的意図をもって営利行為を実現する独自の経済単位であると

40　法人税法第二十二条第一項では，所得金額は益金から損金を控除して所得金額を求める旨定めている。

解されている。ここで編者が主張するように，会計学の対象は「継続的事業体」とした場合，「企業」を含み，また営利行為を目的としない経済単位も会計学の考察対象に含まれる。このような理解は現代における会計学の考察対象として適当であるように思われる。

〔考察〕興津裕康は「会計学とりわけ財務会計論」の「貸借対照表の認識対象は会計の実務である」[41]とした。また，青柳文司は，「会計学の研究対象は会計であり，会計の表現対象は経済活動である。」[42]としているが，この視点は会計を中心にして経済活動を観ているものと思われるため，本稿での視点とは逆であろう。

ここでゴーイングコンサーンと継続的事業体との関係についてみておきたい。ゴーイングコンサーンは英語のgoing concernあるいはドイツ語のDauerunternehmungを訳したものとされる。英語のconcernの字義は会社・商社・商店が適当と考えられ，ドイツ語のunternehmungの字義は企業・事業が適当と考えられるため，ゴーイングコンサーンは継続企業とされる。従って，ゴーイングコンサーンは，すなわち継続企業は継続的事業体の一部となる。また一般に云われる「企業会計」は継続的事業体の会計の一部として捉えられる。

<まとめ>

経済学から経営学へ，そして会計学へと分化し，会計学の考察結果は，会計を行う人に寄与されるべきものであり，それらの人々への説明を通しての理解と納得のために会計学は存在する。ここに会計学の社会的有用性を見出すことができるであろう。すなわち，継続的事業体の活動をステークホルダーに説明し，納得を得るところに会計学の存在意義があろう。

経営学の考察領域が社会現象としての経営事象であるならば，経営学に内包

41　興津裕康『貸借対照表論の展開－ドイツにおける貸借対照表論の系譜（初版）』森山書店，1978（昭和53）年，序文1ページ。
42　青柳文司「第三章 会計学の中心概念」，黒澤清総編集，山桝忠恕責任編集『会計学基礎理論』中央経済社，1980（昭和55）年，121ページ。

される位置付けにある会計学の考察領域は，社会現象としての会計事象，すなわち会計実務となるであろう。会計実務が変化する要因には外的要因と内的要因があると考えられる。

経営学の考察対象を継続的事業体とした場合，継続的事業体の経営活動を説明する役割を持つ会計学の考察対象もやはり継続的事業体となろう。

会計学は，経済社会ひいては社会に対し継続的事業体の経営活動を説明するために可能な限り合理的で論理的な説明をするための考察を行うものといえよう。すなわち，会計学は継続的事業体の経営活動を説明するための原則及び基準といった一般に公正妥当と認められる会計のルールを定めるものであるといえよう。会計学が定めるルールによって，継続的事業体の会計係（accountant）はなすべき処理のルールを得ることになる。また，会計学が定めるルールは，継続的事業体を取巻くステークホルダーへの説明のためのツールとして認められるべきものであって，そのツールの内容が会計の専門家において共通認識され，その結果，社会一般の継続的事業体を測るツールとして認知され評価されるに至ることが重要のものとなる。この点にこそ会計学の社会的な存在意義があるといえよう。法律の立場からすれば，会計に関する規範やルールを尊重する必要があり，法律が会計に関する規範やルールを認める理由は，人的経済資源の有効活用という点にあると思われる。法律が会計学の考え方に基づいて規定することによって，会計が法の支配下に置かれ，これによって，それぞれの法の目的が達成される一助となり，結果として国としての経済社会秩序が保たれることになろう。ここに会計学の経済社会的な役割を見出すことができるといえよう。

4．社会科学としての税務会計論

(1) わが国の会計学の体系における税務会計論
1）会計学の応用分野としての税務会計論

わが国において「税務会計」の名称を冠する書物が初めて発刊されたのは，

1931(昭和6)年に日本会計学会が「会計学叢書」の一つとして編纂し,森山書店から出版した片岡政一の『税務会計』とされる。この書物の名称は,黒澤清がつけたものとされる[43]。

そしてわが国の大学の商学部においてはじめて「税務会計論」科目が開講されたのは1958(昭和33)年に中央大学商学部においてであって,担当者は富岡幸雄であったとされる[44]。またわが国の経営学部においてはじめて「税務会計論」科目を開講したのは1960(昭和35)年に神戸大学経営学部においてであって,担当者は武田隆二であったとされる[45]。従ってわが国において「税務会計」の名称を冠した書物の歴史は84年に至り,大学で「税務会計論」の講義が行われてから57年が経過したようである。現在において「税務会計論」の名称は一般に広く定着したとみえるし,大学における社会科学分野の経営学系列の教科としても「税務会計論」は一般に定着してきたといえるであろう。

現在の会計学は,「簿記論(初級簿記・商業簿記)」,「簿記論(中級・上級簿記)・(工業簿記)」,「原価計算論」,「会計情報論(コンピュータ会計)」,「財務会計論」,「管理会計論」,「国際会計論」,「財務諸表分析」,「会計監査論」,「税務会計論」と分類されるのが一般的であろう〔考察〕。

〔考察〕岡部孝好は「一般には,簿記論,財務諸表論,税務会計論,国際会計論,会計監査論,原価計算論,情報会計論,財務諸表分析論(経営分析論),環

---

43 長谷川忠一『近代税務会計論(改訂版)』ダイヤモンド社,1968(昭和43)年,23ページ,黒澤清「序文」4ページ,及び富岡幸雄『税務損益論 会社税務損益計算(初版)』白桃書房,1955(昭和30)年,:ここで「序文」を記した黒澤清は「昭和7,8年頃」と記しているが,これは,片岡政一の『税務会計』が1931(昭和6)年に出版されていることからして,「昭和6年以前」が正しいように思える。
44 富岡幸雄『税務会計学原理(初版)』中央大学出版部,2003(平成15)年,「あとがき」,1,800ページ。
45 武田隆二『法人税法精説』森山書店,1982(昭和57)年,「序」,1ページ。この教科の最初の担当者は渡邊進であり,武田隆二がこれを引継いだとの所見を聞くが,定かではない。

境会計論等が会計学の学問領域に含まれると考えられている」[46]としている。

また、この分類は大学での教科体系と概ね一致するものであろう。現在のわが国の経営学・商学分野の学士課程における会計学の教科目を示せば、図表Ⅰ－5のようであろう。

図表Ⅰ－5　わが国の経営学・商学分野の学士課程における会計学の教科目

年次	教　科　目　名
1	「簿記論（初級簿記）・（商業簿記）」
2	「簿記論（中級・上級簿記）・（工業簿記）」・「原価計算論」・「会計情報論（コンピュータ会計）」・「財務会計論」・「管理会計論」
3・4	「国際会計論」・「財務諸表分析」・「会計監査論」・「税務会計論」

（出所：濵沖2011、2ページ、図表1を訂正）

この表の配置は、会計学の基礎から応用に至る教科内容を学年順に教授していくことを示している。すなわち、基礎科目としての簿記（論）を1年次に置き、より高度な領域を3・4年次に向けて教授していくものである。基礎からの学習を積み上げて行き、基礎科目の理解の上に、より高度な学習がなされる。ここで、「税務会計論」を理解するためには、「簿記論」・「原価計算論」・「財務会計論」科目の理解が最低限必要である。ゆえに「税務会計論」は「会計監査論」、「財務諸表分析」等と同様に、専門科目としての会計学の応用科目であるといえよう[47]〔考察〕。

〔考察〕文部科学省の大学設置審議会内規「特定学部及び特定学部の学科について

46　岡部孝好「会計学」、神戸大学会計学研究室編『第六版会計学辞典』同文舘、2007（平成19）年、88ページ。
47　濵沖典之「わが国大学学士課程における、あるべき「税務会計論」科目の教科内容に関する考察」、日本企業経営学会『企業経営研究』第14号、2011（平成23）年5月、1～2ページ参照。

の申し合わせ」における商学部商学科の会計学科目及び大学基準協会の「商学教育に関する基準」における商学教育に関する専門教育科目の専門科目においては,「税務会計論」科目は明示されている。しかし,同上「特定学部及び特定学部の学科についての申し合わせ」における経営学部経営学科の会計学科目及び同上「商学教育に関する基準」における経営教育に関する専門教育科目の専門科目においては,「税務会計論」科目は明示されていない。これがなぜないのかについては,寡聞にして不明である。商学の中に経営学が内包される立場からは,上述は理解され得るが,一方,前述の日本学術会議の見解のように,商学は経営学に内包されるとみた場合,税務会計論は経営学に含まれる教科であると理解すべきであろう。

2）外部報告会計（財務会計論）の一分科としての税務会計論

継続的事業体を取巻く外部のステークホルダーを示せば図表Ⅰ－6のようになる。

図表Ⅰ－6 継続的事業体を取巻く外部のステークホルダー

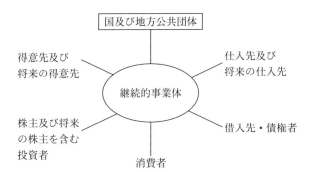

（出所：濱沖2013, 43ページ, 図表4－2）

この図は財務会計論で扱う会計を示したものでもあるといえるし,外部情報提供会計の実際を示したものでもあるともいえよう。また,継続的事業体のステークホルダーへ発信する会計情報を示したものであるともいえよう。ここで継続的事業体から国及び地方公共団体へ税務申告する部分が税務会計論の考察領域の一つとなる。

48　第Ⅰ部

　次に，継続的事業体と国及び地方公共団体との課税関係をヨリ詳しく示せば図表Ⅰ－7のようになろう。

図表Ⅰ－7　継続的事業体と国及び地方公共団体との課税関係

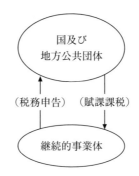

（出所：濱沖2013，44ページ，図表4－3）

　税務会計論の内，申告納税制度が採用されている税目については，取巻くステークホルダーの一つとしての国及び地方公共団体へ継続的事業体が主体的に発信するもの（自主申告）であるから，外部報告会計であり，財務会計論の一部であって，情報提供会計の一つである。このことは，この図において継続的事業体から国及び地方公共団体へ向けての矢印で示される。これは税務申告といわれる。

　税務会計論には，国及び地方公共団体から賦課される賦課課税の税目も含まれることになる。このことは，賦課される税目（賦課課税）は国及び地方公共団体から継続的事業体へ向けての矢印で示される〔補足〕。

　　〔補足〕なお，この図は課税関係を示すものではあるが，補助金・助成金は税の逆
　　　の流れとみることができるため，国及び地方公共団体と継続的事業体との補
　　　助金・助成金の関係を示すものでもある。

(2) 税務会計論の領域

　会計学の一分科としての税務会計論の考察領域は，会計学の考察領域と同様であると捉えることが合理的であろう。すなわち，会計学は社会現象としての会計実務を考察領域とするものとみた場合，会計学の体系に属する税務会計論の考察領域は社会現象としての税務会計実務であると捉えるべきであろう〔考察〕。

　　〔考察〕税務会計論の考察領域は論者によってさまざまであるが，主要と思われる論者の主張する領域は，法人所得課税についてであり，法人税法上の適正な課税所得金額算定に関するものとされている理解が一般的であろう。また，わが国の大学学士課程教育における「税務会計」または「税務会計論」科目の教科内容を，市販された，あるいは大学でのテキストとして使用されていると思われる書物の面からみれば，法人税法の計算を説明するものが大部を占めている[48]。しかしながら，税務会計論の考察領域は社会現象としての税務会計実務であるとすることが適当であるから，法人税法上の適正な課税所得金額算定に関するものは税務会計論の考察領域の一部として認識されよう。
　　〔考察〕従来，税務会計の考察領域が法人税法上の適正な課税所得の算定にあるとされてきた理由は，次のような歴史的な事情があったものと推測される。すなわち大日本帝国憲法のもとでの国民の納税意識が第2次世界大戦後大きく転換した。戦後来日したコロンビア大学の現役教授であったシャウプ博士の勧告によってわが国の税制は大きく方向転換したのであった。すなわちシャウプ勧告による自主申告制度，租税教育の必要性への勧告であった[49]。一方わが国の経済立て直しのためにアメリカ流の資本主義経済体制の確立が企てられて証券市場の整備が必要とされ，証券取引法が制定されたのが1948（昭和23）年であった。そのための会計ルールとしてわが国の企業会計原則が，アメリカの会計学者の表した「SHM会計原則」を模範としてにわかに制定

48　濱沖典之，前掲稿，1ページ。
49　J・マーク・ライヤー＝中里実「戦後日本における租税法の成立と発展―金子租税法学を中心に」金子宏編『租税法の発展 *Development of Tax Law in Japan*（初版第1印刷）』有斐閣，2010（平成22）年，55～70ページ参照。シャウプ博士がわが国の民主主義的な税制に多大な貢献したことについては，高橋志朗『わが国税務会計の発達とシャウプ勧告（初版）』同文舘，2011（平成23）年参照。

された[50]。1956（昭和31）年の経済白書に「もはや「戦後」ではない。」[51]と記されたように高度経済成長の足音が高まる中で企業（株式会社）の成長とともに膨らむ企業利益に対し如何に課税すべきか，ということが国家としての重要課題の１つとなった。ここで企業利益と課税所得との関係がクローズアップされることになったのである。すなわち企業利益（当期純利益）を算定するに際しての規範となる企業会計原則と企業利益（当期純利益）に基づいて法人税法上の所得金額を算定する仕組み（いわゆる確定決算主義）を採用している法人税法との調整がクローズアップされることになったのである。そして企業会計，法人課税及び商法との調整が行われた[52]。1965（昭和40）年の法人税法の全面改正を契機として，企業会計と法人課税との関係において特に法人税法第22条の規定が注目を集めたのである。

戦後の新憲法のもとでの，資本主義経済体制（アメリカ型資本主義経済体制）への本格的な移行によって，また昭和30年代から40年代の高度経済成長の中で，利益が膨らんでいく大会社への所得課税の論議が必然的に重要性を増していった。1965（昭和40）年度一般会計歳入予算36,581億円に占める法人税の割合は，約28パーセントを占めた。所得税の占める，同割合は約27パーセントであって，法人税・所得税を合わせると約55パーセントを占めている[53]。所得課税中心の時代であった。昭和30年代から40年代の時代は，大企業の利益の拡大，それへの課税が国家として重要な意味合いを持つようになった時代であるといえる。この時代，会計学研究においては，法人税の課税標準である課税所得の考察に焦点があてられるようになったと思われるのである。税務会計の考察領域が法

---

50 「SHM会計原則」，すなわちサンダース，ハットフィールド，ムーアの表明した会計原則である。Sanders, Hatfield and Moore, *A Statement of Accounting Principles*, 1938：中村忠「会計学」，森田哲彌・岡本清・中村忠編集代表『会計学大辞典（第四版）』中央経済社，1996（平成8）年，94～95ページ参照。
51 「第１部総説，五 結語」経済企画庁編『昭和31年度 経済白書―日本経済の自立と近代化―』至誠堂，1956（昭和31）年，42ページ。
52 大蔵省企業会計審議会が1960（昭和35）年及び1962（昭和37）年に中間報告した「企業会計原則と関係諸法令との調整に関する連続意見書」。
53 前川憲一編『図解 日本の財政 昭和40年度版』東洋経済新報社，1965（昭和40）年23ページの図1.4及び図1.5に基づいて割合を算出した。

人税法上の課税所得にあてられてきた理由は，昭和30年代から40年代のわが国の高度経済成長期にかけての政治，経済の動きに大きく起因しているのではないだろうか。またその当時会計学における税務会計への関心が急速に高まった時代でもあったといえよう。番場嘉一郎は，1961（昭和36）年の著書『税務会計』で次のように述べている。すなわち，「企業会計は三つの面をもっている。公表財務諸表会計（財務会計）と管理会計と税務会計とである」[54]。税務会計がその当時，会計学の中で重視されてきたものとみえる。

すなわち，換言すれば，現行憲法のもとでの経済体制の整備，発展を反映する形で，税務会計の考察領域が法人税法における適正な課税所得の算定のためのものとなり，こんにちに至っているのではなかろうか[55]〔考察〕。

〔考察〕かつて法人税の「所得の金額の計算に関する明細書（簡易様式）；別表四（以下では「別表四」とする）」をその記載形式からして税務損益計算書とし，「利益積立金額及び資本積立金額の計算に関する明細書；別表五（一）及び（二）（以下では「別表五」とする）」をその記載形式からして税務貸借対照表とする考え方があった。これに対し，法人税の課税所得への考察のみをもって税務会計とする考え方に立ったうえで，会計学には報告，すなわち損益計算書及び貸借対照表といった報告書を作成するが，税務会計には報告書がないから，例えば税務損益計算書や税務貸借対照表の作成はしないから，会計学とは云えず税務計算であるとする主張があったとされる。しかし，この主張は税務申告を報告ではないとする点で，本稿でみる税務会計論の領域での見解とは異なるものである。税務署長へ税務申告を行う社会現象を税務署長への報告とみることは，課税当局の立場ではなくて，主体的な納税者である継続的事業体の税務会計現象が税務会計論の考察領域であるとする立場の視点からすれば，当然となろう。

---

54 番場嘉一郎編著『税務会計（初版）』日本経済新聞社，1961（昭和36）年，「序」1ページ。
55 その後，1989（平成元）年に税務会計研究学会が設立されてこんにちに至っているが，この学会の中心的研究テーマは，法人税における適正な課税所得金額算定についてであるとうかがえる。

〔考察〕また，税務会計論の領域を法人税法上の課税所得への考察とする見解に対し，それは税務計算にすぎないのではなかろうか，という見解があると聞く。すなわち，それは法人税法の規定に従う税務計算にすぎないとするのである。しかしながら，現行法人税法の規定では「申告書；別表一（一）から一（三）（以下では「別表一」とする）」，「別表四」及び「別表五」の申告を定めている[56]。税務会計論は社会現象としての税務会計実務を考察領域とすべきものであるはずである。法人税においては申告書を税務署長に提出する。「別表四」をその記載形式からして税務損益計算書と理解し，「別表五」をその記載形式からして税務貸借対照表とみなして，これらを納税主体としての法人事業体として報告すると見て取ることは，社会現象としての税務会計実務を考察領域とする税務会計論の視点からして，十分な合理性があるといえよう。主体的な納税者の立場としての継続的事業体の行う事象を税務会計論の考察領域とすることは，社会的有用性の観点（国民主権の観点）からのメリットは大きいといえるであろう。仮に，税務会計論は，じつは税務会計であって，会計学では扱わない，そして税務会計担当者が作成する法人税申告書に係る一連の書類作成については税法学で扱う領域であるとした場合，直接的には税法は課税権者サイドの意向を反映したものと解せられる[57]から，主体的な納税者である継続的事業体の会計サイドの立場である税務会計論からの視点による考察ではない，ことになって，社会的有用性のデメリットは大きいことになる。

〔考察〕なお，ここでの「申告」という語は，現代においてはなじまない語であろう。わが国憲法は国民主権の立場であって，「申」の持つ字義からして再考が必要であると思われる。税務署長へ税務「申告」するという社会現象を，税務署長へ税務「報告」すると理解することは，わが国憲法が国民主権を唱えている趣旨に鑑みれば，合理的であると思われる。

---

56 法人税法第七十四条では「申告書を提出しなければならない」，とし，申告書には「法人税法施行規則第三十四条で定める書類を添付しなければならない」としている。法人税法施行規則第三十四条2項では，「確定申告書の記載事項及びこれに添付すべき書類の記載事項」は，ただし書きを除いて，別表の書式によらなければならない，としている。すなわち別表「一」，「四」，「五」の書式で申告しなければならない旨を規定している。
57 国民或は地域住民の代表によって議会で議案が審議されるという，議会制民主主義の下では，税法は，間接的には国民或は地域住民の意向を反映したものといえる。

所得税法の確定申告における決算書において，税務当局が簿記上の損益計算書及び貸借対照表とは若干異なってはいるが，損益計算書及び貸借対照表（資産負債調）をあらかじめ作成し個人事業者に配布し，税務署長に申告することを求めている。これらの所得税法上の損益計算書及び貸借対照表（資産負債調）を税務署長に申告する事象を，個人の継続的事業体にとっての外部報告会計（財務会計）の一つと捉え，税務会計論の領域とすることは十分な合理性があるであろう。

継続的事業体における税務会計実務を考察領域とする税務会計論にあって，消費税税務会計を税務会計論の体系に含めることは当然である。消費税法の会計処理を継続的事業体の税務会計係の立場で説明する学問分野は税務会計論しかないことは尊重されるべきである〔補足〕〔考察〕。

〔補足〕わが国の消費税法は1985（昭和63）年12月に国会で可決し翌年の1986（平成元）年4月から施行されてこんにちに至っている。消費税法が施行され数度の法改正を経て27年となる。また，地方消費税法が2009（平成21）年に成立された。地方消費税法は算定された消費税法上の消費税額を課税標準として，これに対して百分の二十五（25パーセント）の額を税額とした[58]。2014（平成26）年4月よりは，これが六十三分の17になった（消費税と併せて8パーセント）。個々の取引の会計処理は，消費税法の処理と一体となっているものである。消費税及び地方消費税は継続的事業体にその事務負担を課して国と地方公共団体に納付される間接税である（前段階税額控除方式の帳簿型あるいは日本型とされる）。これら消費税の特徴は，これが前段階税額控除方式による付加価値税であるがゆえに，税額の適正な転嫁である。従って，課税から納税に至る全体の関係構造が重要視されることに対し，法人税や所得税等の所得課税の特徴は，個別継続事業体単独（連結納税含む）の課税である。従って，消費税と所得課税の法人税及び所得税とは構造がまったく異なるものであるが，わが国の会計実務には，同一の会計帳簿でこれらの税を処理することが求められている。従って，現在継続的事業体における申告納税において，会計実務は会計学，商法，会社法，所得税法及び法人税法等の

58　地方税法第七十二条の八十二及び八十三。

理解に加え，消費税法の理解が必要となる。すなわち免税事業者か否か，課税取引か否か，非課税取引か否か，輸入取引か否か，輸出取引か否か，原則課税か簡易課税か，外税処理か税込処理か等の，消費税法の理解と処理方法が継続的事業体の取引を仕訳する際求められる[59]，という社会現象がある。こんにちにおいては，消費税税務会計は，税務会計論の体系の重要な一つと位置付けられるべきである（消費税法上の基準年度における課税売上げ高が1,000万円を超える事業者は，免税事業者となることができないので，消費税税務会計を行っている社会現象がある。この1,000万円という金額は，現在の経済社会における継続的事業体の経営上，決して大きな金額であるとは云えないであろう。ならば，わが国における継続的事業体のほとんどに消費税法上の会計処理が求められている，といっても過言ではないであろう）。なお，2013（平成25）年度の国家歳入一般会計予算総額926,115億円の内訳をみると，11.5パーセントを消費税が，15.0パーセントを所得税が，11.5パーセントを法人税が占めている[60]。

〔考察〕富岡幸雄は，税務会計論ではなくて，税務会計学を主張した。その研究対象となる「税務会計」の体系には消費税税務会計があるとしている[61]。

また，会計学の会計手続きにならって税務会計論の領域に税務会計監査を織込むことは適当であろう。すなわち，会計学の体系は簿記に始まり会計監査で終了する。リトルトンはかつて，会計の手続きを取引⇒分類⇒勘定⇒配分⇒財務表⇒監査の6段階を経るものとした[62]。リトルトンの示した手続きは現在においても妥当であろう。また，青柳文司は会計構造を簿記・財務諸表・監査と

---

59 消費税法上の課税仕入れ税額控除（同三十条七項）の適用の厳格性については，石岡正行（編集長）「仕入税額控除の法的性格と実務における留意点」石岡正行編集「TKC」，2013（平成25）年7月号（No.486），42～46ページ参照。
60 財務省ホームページ（http://www.mof.go.jp/index.htm：平成25年6月27日現在）「平成25年度一般会計予算（平成25年5月16日成立）の概要」。また，2012（平成24）年度の国家歳入一般会計総額903,339億円の内訳をみると，11.5パーセントを消費税が，14.9パーセントを所得税が，11.5パーセントを法人税がそれぞれ占めている（西田安範編著『図解 日本の財政（平成24年度版）』東洋経済新報社，2012（平成24）年，5ページ）。
61 富岡幸雄『日経文庫（86）税務会計入門（15版1刷）』日本経済新聞社，1983（昭和58）年，1～2ページ及び富岡幸雄，前掲『税務会計学原理（初版）』，24ページ。
62 A. C. Littleton, 前掲書, pp. 124-125；大塚敏郎訳（A. Cリトルトン著），前掲書，181ページ。

して，会計過程行為の最後に監査を位置付けた[63]。かつてのイギリスの伝統的会計においては，当初から監査論に重点が置かれていた[64]。こんにちにおいても会計学の教科体系の最後に会計監査論が置かれている。このような会計学の体系にならって，税務会計論の領域に税務会計監査を位置付けることには合理性があるであろう。すなわち，税法に従った公正な会計が行われるための監査が社会現象として実践されている。これを税務会計監査として税務会計論の領域に含めることには合理性があるであろう〔考察〕。

〔考察〕上述の，税法に従った「公正」な会計における「公正」とは何を意味するのであろうか。税は課税権者と納税者との課税関係にある。従って，課税する側と課税される側との関係における「公正」ということになる。ここにおいて，「公正」とは課税権者においても納税者においても「公正」であるという意味を持つ。すなわち社会的に「公正」な課税を意味するものであって，これは税法に照らして正しいということを意味しよう。従って，税法に従った「公正」な会計における公正とは租税法律主義といわれる憲法84条の規定を意味するものといえよう。

〔考察〕武田昌輔は，税務監査について，「税務監査は，一般に税務の立場から行われる監査を意味している。」としている。また，税理士法第33条の2の書面添付及び会社法上の会計参与にも触れられている[65]。ここで上述の「税務」とは，税務行政を行う課税当局（税務署）側ではなくて，税務を行い納税額を算定し納付する納税者側の立場を指していると理解できよう。

〔考察〕申告納税の場合，会計処理が税法の規定に適合しているか否かをチェックする必要がある。わが国の税務会計実務の世界にあって，主として税理士の業務を支援してきた株式会社TKCの創業者，飯塚毅[66]は，「フィールド・オーディット」を「巡回監査」と翻訳した[67]。株式会社TKCは1949（昭和24）年か

---

63 青柳文司『会計学への道（初版）』同文舘，1976（昭和51）年，9～20ページ。
64 イギリスにおける会計学においては，伝統的に監査論が重視されたようである。黒澤清『日本会計制度発展史（初版）』経済詳報社，1990（平成2）年，156ページ参照。
65 武田昌輔「税務監査」，安藤英義・新田忠誓・伊藤邦雄・廣本敏郎編集代表，前掲辞書，823～824ページ。
66 高杉良『不撓不屈（4刷）』新潮社，2003（平成15）年参照。
67 飯塚毅博士アーカイブ（http://dr.takeshi-iizuka.jp/：平成25年5月7日現在）参照。

ら「巡回監査」を税理士業務の重要な位置付けとして実践している。税理士業務は税理士法第2条から税務業務及び会計業務，すなわち，税務会計を業務とすると読み取れるから，株式会社TKCの行ってきた税理士業務を支援する一環としての「巡回監査」は，その内容からして，本稿でいう「税務会計監査」を意味するものと捉えて差し支えないであろう[68]。

　先に会計学の考察領域が変化する要因を示した。税務会計論の考察領域は，基本的には会計学の領域と同じであるが，税法の枠内で継続的事業体が主体的に行う税務会計事象は税法の創設及び改正によって常に変化している。すなわち，既存の税法が毎年のように改正されるため，また継続的事業体にかかわる税の創設もあるため，税務会計論の考察領域は毎年のように変化している。税はその時代時代の，その国の経済財政状況が考慮され，政治判断され法案として準備されるものであるため，その国の時々の状況によって税務会計論の考察領域が変化することになる。

　また，税法が国内法であるため，税についてはそれぞれの国ごとに考察される。従って，税務会計の考察領域は国内税法の及ぶ範囲内に限定される〔補足〕。

　　〔補足〕国によって，歴史，国家体制，慣習，法律，経済事情等が異なるため，他国の税制及び税務会計の状況は，他の国の税務会計に直接的なインパクトを与えない。他国の税制及び税務会計の状況を観察することは，その国にとっての税制及び税務会計のための参考資料となろう。
　　〔補足〕アメリカの財務会計基準審議会は財務会計の諸概念を公表しているが，この諸概念はアメリカ合衆国に限定してのものであることを明確にしている[69]。このことは国によって会計の諸概念も異なることを示唆するものといえよう。わが国の会計に関するルールの中で，わが国の税務会計に対する考察が行わ

68　TKC全国会中央研修所編集『TKC基本講座＜巡回監査編＞（第1版7刷）』TKC出版，2001（平成13）年，及び（資料）「巡回監査報告書（含，決算監査事務報告書）（法人用）」，TKC全国会2001（平成13）年参照。
69　平松一夫・広瀬義州訳『FASB財務会計の諸概念（増補版）』中央経済社，2002（平成14）年，14ページ参照。

4．社会科学としての税務会計論 57

　　〔補足〕税法の枠を逸脱した行為を行う税務会計実務がある。故意であろうと誤謬であろうと税法の枠を逸脱する税務会計実務は，税務会計論の考察領域から外れる。その理由は法治国家である限り，法の支配を尊重すべきは当然のことで，違法行為が認められるものであるか否か，「良心」に照らせば明らかであろう。すなわち，違法行為が好ましいものではないことは明らかであろう。違法行為には税法の罰則規定が適用されることになる。また税法の枠組みの中での節税ということがあるが，これは経営財務上の問題であって，税務会計論の枠組みの外の問題となろう。

(3) 税務会計論の対象

　税務会計は会計学の体系に属するため，その対象もやはり会計学の対象と同様に，継続的事業体であるとすることは合理的であろう。継続的事業体には様々な形態が存在する。企業のほかに，学校法人，医療法人，NPO法人組合等も含まれるが，その対象数の多さから，法人企業及び個人企業が中心に考察されるべきであろう。2012（平成24）年度現在において，株式会社を中心とする法人企業は2,535,272存在する[70]〔補足〕。

　　〔補足〕「会社法の施行に伴う関係法律の整備等に関する法律」の制定によって，従来の有限会社は「有限会社」という名称を付したままで，会社法上，株式会社として存続することになった[71]。

　また，同年度のわが国の個人事業者（個人企業）は約1,595,000存在する[72]。納税主体としての数の点からしても，個人企業を税務会計論で考察することは，

70　国税庁 長官官房 企画課「平成24年度分 会社標本調査－調査結果報告－税務統計から見た法人企業の実態」，2014（平成26）年3月，12ページ。
71　「会社法の施行に伴う関係法律の整備等に関する法律」（平成十七年七月二十六日法律八十七号），第二条，第三条他。
72　国税庁 長官官房 企画課「平成24年度 申告所得税標本調査－調査結果報告－税務統計から見た申告所得税の実態」，2014（平成26）年2月，14ページ。

社会現象としての税務会計実務を考察領域とする税務会計論の立場からして当然のこととなる〔考察〕。

〔考察〕個人企業の所得税法上の事業所得を所得課税に対する考察対象として取り扱わないとする見解がある[73]。この見解は、事業所得は10に区分された所得税法上の所得の1つにすぎない、他の9の所得を含むものが所得税法上の所得の総体であるから事業所得のみでは完結するものではない。ゆえに、エンティティー（実体）として一つの纏まりがないので考察の対象から外すとするものである。エンティティーのみを税務会計の考察対象とするものとうかがえる。このことは、すなわち、所得税法上の規定と経営実体としてのエンティティーとの思考アプローチは、別次元のものであるにもかかわらず、同一視して論じているようにうかがえる。すでにみたように税務会計論の対象は会計学における考察対象と同様に継続的事業体であって、税務会計論においては、継続的事業体の税務会計実務という社会現象を考察の領域とするから、個人の継続的事業体も所得税法上の事業所得に該当し、税務申告している社会現象からして当然税務会計論の考察対象に含まれるべきである。この場合、例えば事業所得の他に給与所得があったとして、事業所得と給与所得とを合算した額が総所得金額となって、税額が算定されるから事業所得は税務会計にはならない、と解することは適当ではないであろう。この場合において継続的事業体の立場で事業所得は算定されるのである。すなわち、税法上の税額を算定することを主体的に捉えるのではなく、継続的事業体の会計の立場で税法との関係を考察するのが税務会計論として論ぜられるべきである。

(4) 税務会計論の特質

税務会計論への考察は会計学の役割と存在意義、領域及び対象を基礎として、ヨリ現実的な税務会計実務を考察する必要がある。すなわち会計実務の中の税務という限定された枠組みの中に焦点を絞り込まなければならない。すなわち

73　斉藤幹朗「第5章　法人税法会計の枠組み」濱田弘作『現代会計学の思潮（第1版第1刷）』多賀出版，1999（平成11）年，123ページ，及び清水勇『税務会計の基礎理論（第1版）』中央経済社，1987（昭和62）年，26ページ。

4．社会科学としての税務会計論

　税務会計論の考察は，わが国において社会現象として行われている税法の枠組みの中での税務会計実務へと焦点を絞り込むことになる。

　税法の規定は会計学の基礎である簿記にまで実質的な影響を与えている〔補足〕。

> 〔補足〕例えば簿記においては，費用と資産（資本的支出）との概念的な説明がなされるが，その具体的な境目は示されないのに対し，法人税法及び所得税法においてはその具体的な境目は個別取引に対応して規定されている。また会計学においては減価償却の考え方と会計学上認められる処理方法を示すが，仕訳の際に絶対的に必要な取得価額，耐用年数及び残存価額を個別に示さない。しかし，税法においては個別償却資産の具体的な取得価額に関して規定し，耐用年数及び残存価額等を財務省「減価償却資産の耐用年数等に関する省令」で規定している[74]。このように会計学は，その基本的な考え方と処理方法を説明するにとどまり，会計実務の個別処理は税法の規定に従っている社会現象がある。また，個々の継続的事業体内の簿記（会計）システムを構築する時点で税法上の特典を意識している実務がある。すなわち，税法上の青色申告法人または青色申告者としての承認を受けるための規定は，簿記（会計）システムの構築に実質的な影響を与えるものである。また個々の取引が法人税法上の益金となるのか損金となるのか，あるいは所得税法上の総収入金額となるのか否か，必要経費となるのか否か，あるいは消費税法上のどのような扱いになるのかといった点は，簿記における個別取引処理に強い影響を与えている現実がある。また，会計帳簿の保存期間についても，税法の規定は，税法上の税務行政の一つである税務調査のためと察せられるが，

---

[74] わが国の会計学における減価償却の考え方は，主としてアメリカ及びイギリスにおける思考が紹介されて，これらの思考にならってきた。わが国会計学においては，耐用年数及び残存価額の具体的年数や数値は示してこなかった。わが国においてはじめて減価償却の耐用年数及び残存価額が示されたのは，1918（大正7）年の所得税法における法人所得課税上の「固定資産堪久年数表」においてであった（濵沖典之『法人税における減価償却費の史的考察（初版）』泉文堂，2005（平成17）年，67～69ページ参照）。その後こんにちに至るまで，わが国においては税務当局が耐用年数及び残存価額を規定してきており，現在は財務省「減価償却資産の耐用年数等に関する省令」に定められている。税法上の規定に従う減価償却実務であるという社会現象がある。

実質的に継続的事業体の会計帳簿の保存期間を拘束するものとなっている[75]。

　税務会計実務では主として複式簿記の技法と財務報告書作成のための理論及び制度の理解をもって日々の記帳を行い，決算書（財務諸表）を作成する。これらの処理において税法の条文を念頭に入れておく必要がある。なぜなら，会計帳簿組織や日々の取引の記帳に対しても税の特典を受けるための規定を税法は設けているからである。このように税法（法人税法・所得税法）は簿記実務にも影響を与えているのである。つまり実務における簿記は税法に従う税務簿記となっている。

　税務会計の中でも課税標準を所得金額とする国税としての所得課税には法人税，所得税があり地方税法の規定による所得課税には法人事業税，個人事業税，法人住民税，個人住民税がある。所得課税は継続的事業体の行う会計で算定される利益に基づいて，課税標準である所得金額を算定し納付する申告納税である。従って継続的事業体の行う会計実務及び会計学について理解することが所得課税を正しく理解するための前提となる。そのために特に重要となるのは継続的事業体が行う会計の利益算定のための仕組の規範，ルールやこれに関する法律の理解である。すなわち所得課税の理解のためには現行の会計の仕組みの内，外部報告会計すなわち財務会計の仕組みを理解することが前提となる。

　1）実定税法の枠内での税務会計及び税務会計論

　会計学は比較的規模の大きな継続的事業体，とくに株式会社を中心に考察されてきたように見える。それは取引高，資本金の額，従業員の数といった規模が大であることは経済社会的観点から重要なことであると考えられるためであろう〔補足〕。

75　所得税法百四十三条，所得税法施行令五十五条～六十三条，法人税法百二十一条及び百二十六条，法人税法施行令五十二条～六十二条，消費税法五十八条，消費税法施行令七十一条。

4．社会科学としての税務会計論　61

〔補足〕2014（平成26）年4月以降，わが国で国際会計基準（国際財務報告基準：IFRSs）を任意適用する会社は42社である。これは約260万の会社の内の42社であり，上場会社3,407社（2014（平成26）年3月現在）の内の42社であって，上場会社に占める割合は1.23％である。しかし，上場している会社の時価総額は12.68％を占めている[76]。会社の経済社会的な規模の視点を重視した場合，国際会計基準（国際財務報告基準：IFRSs）を考察することは会計学（財務会計論）にとって重要な研究課題となるであろう。また，規模が大きく経済社会的影響力の大きい会社の財務諸表の在り方こそが重要であって，いわゆる中小零細的な規模の財務諸表の在り方は経済社会的影響力の大きい会社の財務諸表を範として作成されればよい，という見方が成り立ち，このような思考は従来のわが国における会計学（財務会計論）考察のベースにあったように思われる。

しかし，税務会計論においては継続的事業体の経済的規模の大小や利益の多寡，あるいは資本金の多寡によって，中心的に考察される継続的事業体が絞り込まれるということにはならない。なぜなら，例えば所得課税において，たとえ継続的事業体の規模が小さく利益の額が少なくても，それぞれの継続的事業体に1組の財務諸表が作成され，算定された利益に基づいて所得金額を算定することになるからである。また消費課税，資産課税においても経済的な規模や利益の多寡に比較的関係なく課税されているという社会現象があるからである〔補足〕。

〔補足〕逆に課税権者である国及び地方公共団体の立場で，すなわち徴収者側の立場では，国家の歳入及び地方公共団体への税額の割合に多くを占める法人税・所得税・消費税に焦点が合わせられることになろう。

〔補足〕法人税法はいわゆる確定決算主義を採用しているため会社法上の当期純利益が算定されたあと法人税法上の所得金額算定のための調整が行われる。すなわち企業会計の延長線上のものとして法人税税務会計があるといえる。

---

76 「/経済ニュース/IFRS任意適用　時価総額では1割超える　適用済み・適用予定の42社」「経営財務」No.3163, 税務研究会, 2014（平成26）年5月26日, 5ページ。

税務会計実務は税法の規定と継続的事業体の取引との関係にあって，税務会計論はこの税務会計実務を考察領域とするものである。社会現象としての税務会計を示せば図表 I－8 のようになる。ここで，税法（等）の（等）には，租税手続法，租税救済法，租税制裁法関係が含まれる。

図表 I－8　社会現象としての税務会計

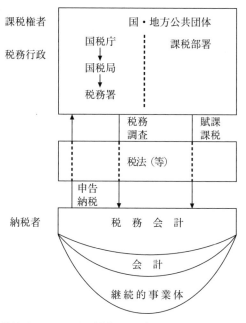

（出所：濱沖2013，52ページ，図表 4－5）

納税主体である継続的事業体にとって，税法は所与のものとされる。税法が所与のものとしてなされる税務会計において検討されるのは，継続的事業体の取引が税法上の課税要件を満たすのか否かということである。すなわち，継続的事業体が行う個々の取引に課税要件の認定という税法上のフィルターをかけ，個々の取引が検討される。

2）申告納税と賦課課税

税務会計の中身は，大きく申告納税と賦課課税とに区分される。申告納税は

納税者としての継続的事業体が税法の規定に則り主体的に行う税務会計であり,賦課課税は継続的事業体の行った経済経営活動に関する資料に基づいて賦課される税務会計である。賦課課税の場合,課税権者である国や地方公共団体より税額が決定され継続的事業体へ通知される。継続的事業体は決定された納税額に至る算定プロセスを吟味して,決定された税額の適否を確かめることになる。

3)税務会計論とタックスプランニング

納税主体としての継続的事業体にとって,納税額は時として比較的多額になるため,資金管理・資金計画上,節税対策を含むタックスプランニング(税務計画)が継続的事業体の経営政策に当然織込まれる。しかし,タックスプランニングは,学問的には経営学の経営財務論の考察領域であって,税務会計論の考察領域ではないであろう。継続的事業体によって算定される納税の額は,あるいは賦課されて決定される納税の額は継続的事業体のタックスプランニング及び経営政策のための基礎データとなろう〔考察〕。

〔考察〕タックスプランニングを管理会計論の分野で扱うことが考えられるが,この場合においても,税務会計で算定される納税額や賦課される納税額は経営者の財務的意思決定のための基礎データを提供することにとどまるであろう。
〔考察〕富岡幸雄は独自の税務会計学を主張した。その税務会計学には管理論的研究も含まれるとし,そのうちの一つが税務経営管理論であって,タックスプランニング(税務経営計画)であるとしている[77]。税務会計論ではなくて,税務会計学とした場合,その考察領域にタックスプランニング(税務経営計画)は含まれえるものと思われるが,この場合,既存の経営財務論の領域と重なることとなるように思われる。

(5) 社会科学としての税務会計論の役割

図表Ⅰ-1で示したように「良心」が人の思考や行動の全てを包み込むものであって,従って,税務会計論においても「良心」が包み込んでいるとした場

---

[77] 富岡幸雄,前掲『日経文庫(86)税務会計入門(15版1刷)』,14~17ページ,及び富岡幸雄,前掲『税務会計学原理(初版)』,77~78ページ。

合，税務会計論は税務会計に関する人々に役立つものとなろう。そしてそれは，教育の視点で活かされることになろう。

　われわれは社会科学の存在意義についてはみてきた。それは「良心」に基づいて行動する人々へ社会を説明し，理解を深め，社会を生き抜くための智として役立つべきところにあるとした。そうであるなら税務会計論の役割とその存在意義を考える時，「良心」に基づいて行動する人々へ税務会計を説明し，理解を深め，税務会計を必要とする人々のための智として役立つべきものとなるはずである。このような視点でみたときに税務会計の役割は以下の2点となるであろう〔考察〕。

　　〔考察〕仮に「税務会計論」が学問上の何かを究明するもの，としたとして，それによって真に問われることは，究明によって誰に，どのような形で役立つのかが問われよう。また，論理的思考のみで十分であるとするなら，すでにみたように社会科学はSienceとは云い難いがために学問のための学問となり，それは自己満足に過ぎないものとなろう。

1）社会現象としての税務会計実務の説明

　社会現象としての税務会計実務を考察領域とし，継続的事業体を対象とする税務会計論においては，まず継続的事業体の税務会計実務を説明することがその役割となる。現象としての税務会計実務の理解は，一般に難解であるとされる[78]ため，これをわかりやすく説明することは有用であろう。

　国の置かれた環境，経済，政治が変化すればその国の税制もこれらに連動して税の新設や改正というかたちで変化する，ことの，制度を含めた説明が税務会計論においては必要となる。

　社会現象としての税務会計は，納税者としての継続的事業体と課税権者の国及び地方公共団体との関係にある。現実は税務行政執行機関としての税務署及

78　例えば，新井益太郎監修　成道秀雄編『税務会計論（第3版第2刷）』中央経済社，2005（平成17）年，「はしがき」7ページ参照。

び地方公共団体の課税部署との関係である、ことの説明が税務会計論においては必要となる。

　2）継続的事業体の会計の立場で、あるべき税制への提言

　法律が議会制民主主義に基づく議会の決議を経て制定されることを踏まえれば、税法の規定が会計学上のルール（規範・規則等）に優先されることになる。しかしながら、会計のルールは自由な私的経済活動を基本的に認めているわが国の自由主義経済体制のもとでの営みを基盤として認知されるもの、と捉える時、このルールを扱う会計学の立場を立法（課税権者）側は十分に斟酌すべきである。この意味において会計学で認められるルールからの税制への提言は重要なものとなるであろう。継続的事業体の会計の立場で、あるべき税制を提言することは、自由な私的経営活動が認められることを前提として、納税者として合理的で納得のいく課税の仕組みを国や地方公共団体へ主張することである。このことは国民主権を唱えるわが国憲法において、国民としての納税者の提言を主張することであって、好ましいことであるといえると同時に、この主張を立法当局が受け入れることは、税制をヨリ合理的なものへと導くことへとつながることになる。継続的事業体の会計の立場からの提言を受入れて、課税権者側が法案を議会へ提出し、成立するとしたならば、わが国の経済社会体制において好ましいものとなるであろう。何よりも継続的事業体が行う会計の立場での納得が得られることのメリットが大きいであろう。このような思考から、継続的事業体の会計の立場からあるべき税制への提言を示すことが税務会計論のもう一つの役割であろう。

（6）社会科学としての税務会計論の存在意義

　1）経済社会教育的な観点

　継続的事業体の会計の立場で税への考察を行う学問分野は税務会計論しかなく、税務会計論で継続的事業体がかかわりを持つ税を説明することは、教育的にも大きな意義を持つ。このような教育的な視点による説明は、社会現象を考察領域とする社会科学における税務会計論の存在意義の大きな一つであろう。

このことは税務会計実務に携わっている，あるいはこれから携わろうとする人々にとって有用なものであって，税務会計担当者の能力を向上させることになる。ここに税務会計論の存在意義の大きな一つを見出すことができよう〔補足〕。

〔補足〕[79] わが国の大学学士課程での「税務会計論」教育を考える時，留意すべきは，わが国の大学学士課程の存在は，それが単独で自立し得るものではなくて，社会とのかかわりの中で有機的に存在しているという点である。すなわち高等学校教育を終えた学生に対し，何かしらの教育を施し社会に送り出していくという枠の中で大学教育における教科の内容は考えられなければならない。つまり大学学士課程の存在意義を意識して教科の教育内容は検討されなければならないことに留意すべきである。このことは社会で働く前の人を対象とした教育機関全てに当てはまる。

1. 大学の専門教育と職業上の専門性との対応関係の必要性（日本学術会議の見解）

    日本学術会議が2010（平成22）年に大学学士課程教育の分野別質的保障に関して述べたことは，大いに参考にすべきである。すなわち，

    「…②大学における専門性

    …大学の学士課程教育での専門性は，今後の職業生活における専門性を獲得していく上での基礎となるものとして重要な役割を担っており，緩やかではあれ，教育の「出口」である職業とのある程度明確な対応性が意識される必要がある。…従来…大学は職業能力形成への取り組みが希薄であり，また企業も大学教育の成果を殆ど評価しないできたのであった。しかし，…今後は，職業における専門性を適切に位置付けることが一層重要になるとともに，大学教育においてもそのことに自覚的に対応していく必要がある。…緩やかではあれ，大学の専門教育と職業上の専門性との一定の対応関係が存在してこそ，多少なりとも具体的な「仕事」とそれに携わる自分の姿をイメージすることが可能になるのであり，そのことは，学校から就職への円滑な「移行」に大いに資するものであると考える，…」（日本学術会議『回答　大学教育の分野別質保障の在り方

79　濵沖典之「わが国大学学士課程における，あるべき「税務会計論」科目の教科内容に関する考察」，日本企業経営学会『企業経営研究』第14号，2011（平成23）年5月，5～9ページ参照。

について』平成22（2010）年7月22日），と述べている。すなわち，大学教育において，学生に職業人としての進路選択を自覚させ，職業上の専門性と専門教育との対応を自覚的に行う必要性を述べている。なぜなら，大学から就職へと学生が円滑に移行することに役立つものであるからである。であるならば，大学における専門科目としての「税務会計論」科目の教科内容は，まず，その職業を写実することが要求されるはずである。なぜなら，職業の現場を写実することをもって理論的な考察がなされる基盤となり，また，理論的な考察の結果は最終的に職業の現場へと帰着させなければならないはずのものであるからである。

2. 若者を育てるためには，仕事に必要な知識や技能等の専門知識が必要（経済産業省の見解）

また，2010（平成22）年9月に，経済産業省が，日本の将来を託す若者を育てるためには，社会人としての基礎力として，仕事に必要な専門知識の必要性について述べていることも大いに参考とすべきといえる。すなわち，「仕事に必要な知識や技能等の専門知識は，職場や地域で活躍するうえで必要な力であり，社会人としての基礎力である。」{経済産業省経済産業政策局産業人材政策室編『社会人基礎力育成の手引き―日本の将来を託す若者を育てるために』経済産業省，2010（平成22）年9月配布分}としている。

この見解は若者を育てるためには，仕事に必要な知識や技能等の専門知識を教授する必要があることを示しているものであるが，税務会計実務は仕事に必要な知識であって，それに携わる人には技術及び専門知識が必要である。従って，「税務会計論」の教科の内容は，学生が卒業後の継続的事業体において現実に行われている税務会計実務に役立つものでなければならないことになる。

3. 大学の専門教育と職業上の専門性との対応関係の必要性｛（中央教育審議会の（答申）｝

また，中央教育審議会が2011（平成23）年1月31日に「今後の学校におけるキャリア教育・職業教育の在り方について（答申）」で示したことは，大いに参考にすべきである。すなわち，「わが国においては，学校教育における職業に関する教育を，推進すべき重要なものとして位置付けており，このことを踏まえた学校教育の展開が必要となっている。（15ページ）」としている。そして，これからの大学レベルにおける新設

の組織として，その教育内容を職業と密接に関連づけたものを提言している。

以上3つの見解を示したが，要は社会において実践されている税務会計実務へとつながる内容を持つ「税務会計論」の存在は社会的要請であるといえる。

・「税務会計論」科目の教科内容

ならば，税務会計実務を描写し，それを学生に教授することが，「税務会計論」科目には求められるはずであるが，大学学士課程における「税務会計論」科目のテキストに税務会計実務を教育上の立場から描写することを主眼とする文献はほとんどないといっても過言ではない。ここにこれまでの「税務会計論」の教学上の問題点があると云わざるを得ない。これまでの「税務会計論」は，法人税法を説明するものが中心であった。そして，所得を課税標準とする住民税や法人税額に対して課される事業税については比較的簡単に申告書が作成されるためとの理由からか，教科内容とされてこなかった。さらに消費税は所得課税ではないとの理由からか，教科内容とはされていないようである。これまでの「税務会計論」の教科内容では，学生に対し現実の企業にとっての税実務対応能力を培うことに大学における教科の必要性が存在するという視点からは，狭い範囲の教授になるため学習上の効果は比較的乏しいものとならざるを得ない。

学士課程教育における教授対象は学生であって，将来会計実務の当事者となることが予想されるため，税務会計実務対応可能な能力を修得させる必要性があるとの観点から，常に税務会計実務を見据えた税務会計論の教授がなされることが望まれる。

大学学士課程教育における教科科目は，学生の教育のためにいかなる貢献をするのかという視点こそが重要視されるべきである。

・期待される学習効果

以上のような「税務会計論」の捉え方による教授は次のような学習効果が期待される。

1）税務会計実務に直接的に役立つ能力を学生に教授することができる。

「税務会計論」科目で税務会計実務を説明することは，大学学部学生にとっての有用性が高いものとなる。このような税務会計教育の視点を重視した「税務会計論」の内容を大学卒業前の学生に教授することは真の意味で教育効果があるであろう。

2）大学院に進学し，税務会計研究を行う際の基礎的素養を学生に教授することができる。

2）ステークホルダーへの説明と納得

　税務会計論は継続的事業体と税との関係を説明し，継続的事業体の経営者や税務会計担当者，ひいてはステークホルダーに継続的事業体にかかわる税を理解せしめ，その関係を納得せしめるところにその社会的存在意義を見出すことが出来る。

＜まとめ＞

　税務会計論は会計学の応用分野であって，社会現象としての会計現象，すなわち会計実務を会計学の考察領域とみた場合，会計学の体系に属する税務会計論の考察領域は社会現象としての税務会計現象，すなわち税務会計実務と捉えるべきであろう。また，その考察対象もやはり会計学の対象と同様に，継続的事業体とすべきであろう。

　税務会計論の役割とその存在意義を考える時，「良心」に基づいて行動する人々へ社会現象としての税務会計を説明し，理解を深めさせ，税務会計にかかわりのある人々の智として役立つべきものとなるはずである。ならば税務会計論には継続的事業体がかかわるすべての税を説明することが，まずは税務会計論の役割となろう。継続的事業体から国及び地方公共団体へ申告する税務会計が税務会計論の考察領域の一つとなる。また国及び地方公共団体から賦課される税務会計も一方の一つとなる。税務会計論には個人企業の税務会計が含められる。また消費税税務会計も含められる。また会計には監査が一体のものとして捉えられるために，これに倣って，税務会計監査を織込むことには合理性があるであろう。

　税務会計実務の理解は，一般に難解であるとされるため，継続的事業体の税務会計実務を解説することも教育的にも大きな意義を持つ。

　また継続的事業体の会計の立場からあるべき税制への提言を示すことが税務会計論のもう一つの役割であろう。そして継続的事業体をとりまくステークホルダーに継続的事業体に係る税を理解せしめ，納得せしめるところにその社会的存在意義を見出すことが出来よう。

5. 税務会計論の体系

第Ⅰ部での主張を要約すれば以下となる。

〔要約〕

　社会科学の考察領域は，人の営みである社会現象であって，人の営みは神からのものと想定される「良心」を伴った可視的現象である。「良心」とは，人が好ましいと感じる気持ちのこととする。社会科学を考察する者たちもこの「良心」をもって考察にあたっているものであろう。なぜなら「良心」を発露とする思考や行動は進化・発展すると思われるからである。考察領域の全体は，この「良心」をもって活動を行う人の可視的現象であると想定する。この考察の全体を一つのものとして，それぞれの学問は分化するが，包含する側と包含される側の関係になるであろう。包含する側から見ていけば，神（学）→良心{思想（哲学）}→政治（学）→法（学）→経済（学）→経営（学）→会計（学）→税務会計（論）となろう。これらすべてにおいて人の「良心」に基づく価値観が考察の前提として存在している。このような想定を設けることによって，社会科学における会計学の応用領域としての税務会計論の社会的役割と存在意義が見出されるであろう。

　scienceは法則性を追究するものとした場合，社会科学は，自然科学とは異なり，scienceとは云い難い。社会科学の考察対象が社会活動を行う「人」であるならば，社会科学の存在意義は，社会活動を行う人々に役立つべき内容となるべきであろう。社会にかかわりのある「人」に社会現象を説明し，理解させ，納得せしめて，社会を生き抜くための智として役立つということに社会科学の存在意義を見出すことが出来るであろう。

　よって，経済現象・経営現象・会計現象を考察する経済学・経営学・会計学の考察結果は経済・経営・会計にかかわる「人」に役立つべき内容となろう。そして社会科学における経営・会計・税務会計の活動において最も重視される

べきことは当事者の理解と納得という点にあることを鑑みて，経営学・会計学・税務会計論の考察はこれらを行う人々への説明を通しての理解と納得の点においてそれらの社会的存在意義を見出すことが出来るであろう。

　経済学から経営学へ，そして会計学へと分化し，会計学の考察結果は，会計を行う人に寄与されるべきものであり，それらの人々への説明を通しての理解と納得のために会計学は存在する。ここに会計学の社会的有用性を見出すことができるであろう。すなわち，継続的事業体の活動をステークホルダーに説明し，納得を得るところに会計学の存在意義があろう。
　経営学の考察領域が社会現象としての経営事象であるならば，経営学に内包される位置付けにある会計学の考察領域は，社会現象としての会計事象，すなわち会計実務となるであろう。会計実務が変化する要因には外的要因と内的要因があると考えられる。
　経営学の考察対象が継続的事業体とした場合，継続的事業体の経営活動を説明する役割を持つ会計学の考察対象もやはり継続的事業体となろう。
　会計学は，経済社会ひいては一般社会に対し継続的事業体の経営活動を説明するために可能な限り合理的で論理的な説明をするための考察を行うものといえよう。すなわち，会計学は継続的事業体の経営活動を説明するための原則及び基準といった一般に公正妥当と認められる会計のルールを定めるものであるといえよう。会計学が定めるルールによって，継続的事業体の会計係（accountant）はなすべき処理のルールを得ることになる。また，会計学が定めるルールは，継続的事業体を取巻くステークホルダーへの説明のためのツールとして認められるべきものであって，そのツールの内容が会計の専門家において共通認識され，その結果，社会一般の継続的事業体を測るツールとして認知され評価されるに至ることが重要のものとなる。この点にこそ会計学の社会的な存在意義があるといえよう。法律の立場からすれば，会計に関する規範やルールを尊重する必要があり，法律が会計に関する規範やルールを認める理由は，人的経済資源の有効活用という点にあると思われる。法律が会計学の考え方に基づいて規

定することによって，会計が法の支配下に置かれ，これによって，それぞれの法（税法を含む）の目的が達成される一助となり，結果として国としての経済社会秩序が保たれることになろう。ここに会計学の経済社会的な役割を見出すことができるといえよう。

　税務会計論は会計学の応用分野であって，社会現象としての会計現象，すなわち会計実務を会計学の考察領域とみた場合，会計学の体系に属する税務会計論の考察領域は社会現象としての税務会計現象，すなわち税務会計実務と捉えるべきであろう。また，その考察対象もやはり会計学の対象と同様に，継続的事業体とすべきであろう。

　税務会計論の役割とその存在意義を考える時，「良心」に基づいて行動する人々へ社会現象としての税務会計を説明し，理解を深めさせ，税務会計に係わりのある人々の智として役立つべきものとなるはずである。ならば税務会計論には継続的事業体がかかわるすべての税を説明することが，まずは税務会計論の役割となろう。継続的事業体から国及び地方公共団体へ申告する税務会計が税務会計論の考察領域の一つとなる。また国及び地方公共団体から賦課される税務会計も一方の一つとなる。税務会計論には個人企業の税務会計が含められる。また消費税税務会計も含められる。また会計には監査が一体のものとして捉えられるために，これに倣って，税務会計監査を織込むことには合理性があるであろう。

　税務会計実務の理解は，一般に難解であるとされるため，継続的事業体の税務会計実務を解説することも教育的にも大きな意義をもつ。

　また継続的事業体の会計の立場からあるべき税制への提言を示すことが税務会計論のもう一つの役割であろう。そして継続的事業体をとりまくステークホルダーに継続的事業体にかかわる税を理解せしめ，納得せしめるところにその社会的存在意義を見出すことが出来よう。

* **税務会計論の体系**

　税務会計論は，会計の立場より税を捉えるものであるが，税法の枠内の会計であるという特質を有するため，課税対象の分類を基礎としてその体系を構築することが適当であろう。すなわち，課税対象の分類は一般に，収得税，消費税，財産税，流通税に区分されるため，この区分に従って税務会計論の体系とすることは適当であろう。また税理士制度も継続的事業体の税に関する代理人制度と理解されるため税務会計論の体系に織り込まれることが適当であろう。

　以上の主張に基づいて，税務会計論の体系を示せば以下のようになる。

税務会計論の体系

1．収得税税務会計
　(1) 個人収得税税務会計
　　　1）所得税税務会計
　　　2）個人事業税税務会計
　　　3）個人住民税税務会計
　(2) 法人収得税税務会計
　　　1）法人税税務会計
　　　2）法人事業税税務会計
　　　3）法人住民税税務会計
2．消費税税務会計
　(1) 消費税税務会計
　(2) 地方消費税税務会計
3．財産税税務会計
　(1) 固定資産税税務会計
　(2) 都市計画税税務会計
　(3) 自動車税税務会計
　(4) 軽自動車税税務会計

4. 流通税税務会計
   (1) 不動産取得税税務会計
   (2) 自動車取得税税務会計
5. 税務会計監査
6. 税理士制度
   ＊実務の解説

<参考文献（年代順）－本文及び本文の脚注で示した文献を除く参考文献－>
1）吉田良三『會計學』同文舘，1910（明治43）年。
2）増地庸治郎・吉田良三・太田哲三『經濟學全集第三六巻 經營經濟學』改造社，1929（昭和4）年。
3）George Oliver May, *Twenty-Five Years of Accounting Responsibility 1911-1936 Volume One (and Two)*, (New York：Prige, Waterhouse & Co., 1936).
4）太田哲三『會計學研究』大東書館，1937（昭和12）年。
5）山下勝治『ドイツ會計學理論（初版）』嚴松堂書店，1938（昭和13）年。
6）向井梅次『税務會計學』嚴松堂書店，1949（昭和24）年。
7）片野一郎『税務簿記入門（初版）』大蔵財務協会，1953（昭和28）年。
8）黒澤清『近代會計學（第5印刷）』春秋社，1954（昭和29）年。
9）忠佐市『新会計学全書税務会計論（初版）』中央経済社，1958（昭和33）年。
10）明里長太郎編『会計学演習講座税務会計（初版）』青林書院，1959（昭和34）年。
11）長谷川忠一「近代科学としての税務監査論―その研究領域と税務監査基準の設定を巡って―」駒澤大学商経学会編『研究論集2』駒澤大学商経学会，1961（昭和36）年。
12）関西学院大学会計学研究室『近代会計の動向（初版）』中央経済社，1962（昭和37）年。
13）日本会計学会編『近代会計学の展開（初版）』森山書店，1963（昭和38）年。
14）前川憲一編『図解 日本の財政 昭和40年度版』東洋経済新報社，1965（昭和40）年。
15）Louis Goldberg, *An Inquiry Into The Nature of Accounting*, American Accounting Association Monograph No. 7 (AAA, 1965).
16）Committee to Prepare a Statement of Basic Accounting Theory (American Accounting Association), *A Statement of Basic Accounting Theory*, (Evanston Illinoi：AAA, 1966).

17) Raymond. J. Chambers, *Accounting Evaluation and Economic Behavior*, (1966, Reprinted 1974 by Scholars Book Co., Houston Texas).
18) 渡邊進『税務会計論Ⅰ（初版）』中央経済社，1966（昭和41）年。
19) 黒澤清・野澤孝之助『会計』中央経済社，1967（昭和42）年。
20) 武田昌輔『税務会計通論（初版）』森山書店，1967（昭和42）年。
21) 富岡幸雄『増補税務会計論 総論編（増補版）』森山書店，1968（昭和43）年。
22) 水田金一『ヘンドリクセン会計学（上巻）（初版）』同文舘，1970（昭和45）年。
23) 松尾憲橘・鈴木義夫『ドイツ会社学説史（初版）』森山書店，1971（昭和46）年。
24) 片野一郎監閲 久野光朗訳『ギルマン会計学（上巻）（4版）』同文舘，1972（昭和47）年。
25) 飯野利夫『アメリカ会計学会基礎的会計理論（9版）』国元書房，1973（昭和48）年。
26) 法政大学会計学研究室訳『H.Tダインツアー著 会計思想史（初版第1刷）』同文舘，1973（昭和48）年。
27) 木村重義『会計総論（上巻）（初版）』同文舘，1976（昭和51）年。
28) 上田雅徹通訳『会計理論－連続と変化－（初版）』税務経理協会，1976（昭和51）年。
29) 中野英男『税務会計（5版）』中央経済社，1977（昭和52）年。
30) 新井益太郎『最新例解税務簿記（最新版）』中央経済社，1977（昭和52）年。
31) 青木茂男編『日本会計発達史－わが国会計学の生成と展望－（第2刷）』同友舘，1977（昭和52）年。
32) 忠佐市『企業会計法の論理（初版）』税務経理協会，1977（昭和52）年。
33) Eldon S. Hendriksen, *Accounting Theory (Third Edition)*, (Homewood Illini：Richard D. Irwin, Inc, 1977).
34) ペイトン・リトルトン著 中島省吾訳『会社会計基準序説（改訳版20刷）』森山書店，1977（昭和52）年。
35) 津田正晃・加藤順介『会計思想史（第1刷）』同文舘，1978（昭和53）年。
36) 青柳文司『新版会計学の原理』中央経済社，1979（昭和54）年。
37) 染谷恭次郎『アメリカ会計学会会計理論及び理論承認（初版）』国元書房，1980（昭和55）年。
38) 高田正淳・武田隆二・新井清光・津曲直躬・檜田信男『テキストブック会計学（6）税務会計（初版）』有斐閣，1981（昭和56）年。
39) 片野一郎監閲 久野光朗訳『ギルマン会計学（下巻）（3版）』同文舘，1981（昭和

56) 年。
40) 太田哲三・新井益太郎『新会計学原理〔改訂版〕』同文舘，1982（昭和57）年。
41) 黒澤清『日本会計学発展史序説 付「会計」目録索引（初版）』雄松堂書店，1982（昭和57）年。
42) 高田正淳・武田隆二・新井清光・津曲直躬・檜田信男『テキストブック会計学（1）会計学総論（初版）』有斐閣，1982（昭和57）年。
43) 黒澤清『会計学精理（初版）』税務経理協会，1983（昭和58）年。
44) 黒木正憲『税務会計通論（第1版）』中央経済社，1983（昭和58）年。
45) R. J. チェンバース著，塩原一郎訳『現代会計学原理＜上巻＞－思考と行動における会計の役割－（初版）』創成社，1984（昭和59）年。
46) 市川深『税務会計要論（第1版）』中央経済社，1984（昭和59）年。
47) 富岡幸雄『税務会計学（第5版）』森山書店，1985（昭和60）年。
48) 黒澤清監修 富岡幸雄編『税務会計体系 第7巻 税務会計特論（初版）』ぎょうせい，1985（昭和60）年。
49) 鈴木明男・鈴木豊『要説税務会計（初版第1刷）』税務経理協会，1986（昭和61）年。
50) 田中章介『税務会計の基本と法人税（初版）』清文社，1986（昭和61）年。
51) 興津裕康『貸借対照表論の研究（初版第2刷）』森山書店，1987（昭和62）年。
52) 井上久彌『税務会計論（第1版）』中央経済社，1988（昭和63）年。
53) 新井益太郎『税務簿記入門（初版）』中央経済社，1990（平成2）年。
54) 税務会計研究学会編「税務会計研究 創刊号 税務会計研究の基本的課題」，1990（平成2）年。
55) 武田昌輔『新講 税務会計通論（7刷）』森山書店，1991（平成3）年。
56) 青柳文司『会計学の基礎（初版）』中央経済社，1991（平成3）年。
57) 中野常男『会計理論生成史（初版）』中央経済社，1992（平成4）年。
58) 北野弘久「税法学の基礎理論」，北野弘久編『現代税法講義〔五訂版第2刷〕』法律文化社，2010（平成12）年。
59) 浦野晴夫『税務会計入門（第1版）』文理閣，1993（平成5）年。
60) 中田信正『税務会計要論（六訂版）』同文舘，1996（平成8）年。
61) 井上徹二『税務会計論の展開（初版第1刷）』税務経理協会，1997（平成9）年。
62) 濱沖典之『税務会計入門』泉文堂，1998（平成10）年。
63) ─ 「消費課税会計に関する一考察－所得課税会計との関係において－」日本企

業経営学会「企業経営研究 創刊号」, 1998 (平成10) 年 3 月, 25~34ページ。
64) ── 「税務会計学の歴史的認識－公的報告書を素材として－」広島安芸女子大学「広島安芸女子大学研究紀要 創刊号」, 2000 (平成12) 年, 61~70ページ。
65) 小畠信史『税務会計の論点（初版第 1 刷）』税務経理協会, 2001 (平成13) 年。
66) 武田昌輔『武田昌輔税務会計論文集（初版第 1 刷）』森山書店, 2001 (平成13) 年。
67) Louis Goldberg Edited by Stewart A．Leech, *A Journey into Accounting Thought,*（London / New York：Routledge 2001).
68) 八ツ尾順一編著『基本テキスト税務会計論（初版）』同文舘, 2003 (平成15) 年。
69) 小川洌・小澤康人編『社会科学基礎シリーズ 4 税務会計の基礎（新訂二版）』創成社, 2005 (平成17) 年。
70) ルイ・ゴールドバーグ著, スチュワート・A・リーチ編・工藤栄一郎訳『ゴールドバーグの会計思想（初版）』中央経済社, 2005 (平成17) 年。
71) 平林義博『近代会計成立史（初版）』同文舘, 2005 (平成17) 年。
72) 大倉雄次郎『税務会計論－新会社法対応－（三訂版第 1 刷）』森山書店, 2007 (平成19) 年。
73) 菅原宣明『税務調査の事前対策事業体を守る「税務監査」のポイント（初版）』清文社, 2008 (平成20) 年。
74) 神森智「富岡幸雄著『新版税務会計学講義』」「松山大学論集第20巻第 2 号」, 2008 (平成20) 年 6 月, 335~348ページ。
75) 濱沖典之・新野正晶・谷崎太「税務会計における簿記・会計のアウトソーシング」経営行動研究学会「経営行動研究年報」第18号, 2009 (平成21) 年 7 月, 91~96ページ。
76) 金子宏『租税法理論の形成と解明 上（下）巻 Formation and Clarification of Tax Law Theories, Vol. 1（Vol. 2）（初版第 1 印刷）』有斐閣, 2010 (平成22) 年。
77) 神森智「税務会計の概念フレームワーク－その可能性と試案－」「松山大学論集第21巻第 5 号」, 2010 (平成22) 年 3 月, 137~160ページ及び神森智「税務会計の概念フレームワーク－その可能性と試案－」『財務会計と財務諸表監査（初版）』同文舘, 2011 (平成23) 年 7 月, 259~280ページ。
78) ── 『財務会計と財務諸表監査（初版）』同文舘, 2011 (平成23) 年。
79)（記事）「IASB新理事・鶯地隆継氏に聴く IFASの将来と日本が抱える課題 第 3 回 IFAの将来」「経営財務No. 3025」, 税務研究会, 2011 (平成23) 年 7 月25日, 42~46ページ。

80) 神森智「会計基準の国際化と税務会計－IFRSsは税務会計基準になりうるか？－」「松山大学論集第23巻第3号」, 2011（平成23）年8月, 119～144ページ。
81) 中村稔編著『図解 日本の税制（平成24年度版）』財経詳報社, 2012（平成24）年。
82) 千葉準一・中野常男責任編集『会計と会計学の歴史（第1版第1印刷）』中央経済社, 2012（平成24）年。
83) 中野常男「会計史学の存在意義－「なぜわれわれは会計史を研究するのか」：会計史研究の意義と課題－」日本会計史学会編「会計史学会年報」2001年度第30号, 2012（平成24）年9月。
84) 工藤栄一郎「私にとっての会計史研究－対話可能な会計史研究を目指して－」日本会計史学会編「会計史学会年報2001年度第30号」, 2012（平成24）年9月。
85) 総務省統計局・経済産業省「平成24年度経済センサス－活動調査（速報）」, 2013（平成25）年1月29日。
86) 経営学史学会監修 小笠原英司編『経営学史叢書 XIII 日本の経営学説 I』文眞堂, 2013（平成25）年。
87) 小林傳司（代表）『シリーズ大学4 研究する大学―何のための知識か（第1刷）{第4回配本（全7巻）}』岩波書店, 2013（平成25）年。
88) 金子宏『租税法（第19版）』弘文堂, 2014（平成26）年。

第Ⅱ部　個別税務会計

序章　税務会計及び税務会計論を巡る環境

1．継続的事業体としての企業を取り巻く法と会計ルール

(1) 証券取引法

　1948（昭和23）年に証券取引法（同年法律第25号）が制定された。これはアメリカの証券行政を手本にしたとされる。証券取引法は，第2次大戦後の壊滅状態にあった日本経済を立ち直らせるという目的を担っていた。すなわち企業の資金調達手段である証券取引を活発化させ，企業のダイナミックな経営活動の促進を図るために制定された。すなわち，企業が作成し公表する財務諸表が一定のルールに則って適正であり，投資家の判断を誤らせるものであってはならないため，そこで証券取引法は株式を公開する企業に財務諸表を作成し開示することを求めたのである。証券取引法が対象とするのは，上場企業（証・24①），もしくは5億円以上の株式・社債の募集または売出しを行う会社であった（証・4①，証令・3）。これらの会社には，財務諸表の作成及び開示が義務付けられた。要請される財務諸表は，貸借対照表，損益計算書，利益金処分計算書または損失金処理計算書，附属明細表であり，それらの作成方法は，大蔵省令「財務諸表等の用語，様式及び作成方法に関する規則：財務諸表等規則」によっていた。これらの財務諸表は，公認会計士または監査法人の会計監査を受けなければならない。なお1992（平成4）年に証券取引や金融先物取引の公正を確保するために，証券取引等監視委員会が設立されている。

(2) 証券取引法から金融商品取引法へ

　企業の行う経済活動が，物品を取引する形態から金融取引を行うように変化してきたことに対応するために，証券取引法は2006（平成18）年に金融商品取

引法へと変更された。金融商品取引法の規定に該当する会社が内閣総理大臣（権限が委譲され，実質は金融庁長官）に提出する有価証券報告書等には，財務計算に関する書類がある。その財務に関する書類の表示方法を示すものとして内閣府令である「財務諸表等規則」が適用される。すなわち，財務諸表等規則は，貸借対照表・損益計算書・キャッシュフロー計算書・株主資本等変動計算書及び附属明細表の用語・様式及び作成方法を詳細に規定している。証券取引法から金融商品取引法へと名称変更されたが，証券取引法の枠組みは基本的に維持されている。この金融商品取引法の規定に従い会計の処理を行うことを，金融商品取引法会計という。

(3) 公認会計士法

証券取引法を施行し投資者に信頼できる会社の財務諸表を提供するためには，それをチェックする制度が必要となる。そこで公認会計士法が1948（昭和23）年に制定され（公・103），わが国に公認会計士（C.P.A：Certified Public Accountant）制度が誕生した。その後，特殊法人として公認会計士が共同で設立する監査法人が制度化された。

(4) 企業会計原則

企業には利益の追及を主たる目的とする株式会社のような営利企業と，利益の追及を主たる目的としない学校，病院や宗教法人等の非営利企業がある。前者が会計処理を行う際に，その指針となるものが「企業会計原則」である。

企業会計原則は，1949（昭和24）年7月に経済安定本部企業会計制度対策調査会の中間報告として公表された。これは，欧米企業の会計実務において慣習として発達したものの中から，一般に公正妥当と認められるものを要約したとされる。欧米の進んだ会計理論と処理をわが国に取り入れ，わが国の企業自らが信頼性のある財務に関する報告書を作成することができることが目的とされた。企業会計原則は当時のアメリカのSHM（Sanders, Hatfield and Moore）会計原則をモデルとし，一般原則・損益計算書原則・貸借対照表原則の3部か

序章　税務会計及び税務会計論を巡る環境　83

ら構成されている。また，証券取引法の規定に基づいて作成される財務諸表は企業会計原則に基づくものとされた。また商法，会社法，税法等の企業会計に関係ある諸法令が制定改廃される場合において尊重されなければならないものとされている。企業会計原則は，企業会計のあるべき姿を表明したものであり，罰則規定はない。企業会計原則は用語の不適当な点や字句の不統一な点等の是正，強制法規たる商法の改正に対応するかたちで幾度も改正されてきたが，1982（昭和57）年の改正を最後として，それ以降はピースミール方式（本体に肉片を付加していく方法を意味する）による意見を公表している。設定主体は，経済安定本部企業会計制度対策調査会，経済安定本部企業会計基準審議会，大蔵省企業会計審議会を経て現在の金融庁企業会計審議会に至っている。

(5) 企業会計基準

　企業会計原則はわが国のあるべき企業会計基準の設定，企業会計制度の整備改善等について中心的な役割を担ってきたが，上で述べたようにその設定主体は政府の組織（パブリックセクター）である。一方，民間団体によって企業会計基準が決定されるという世界の潮流があり，わが国もこの流れに同調して，2001（平成13）年7月に財団法人財務会計基準機構が設立された（プライベートセクター）。同機構の目的及び事業は，次のとおりである。1）一般に公正妥当と認められる企業会計の基準の調査研究及び開発。2）ディスクロージャー制度その他企業財務に関する諸制度の調査研究。3）前2号の事業の成果を踏まえた提言及び広報・研修活動。4）国際的な会計基準の整備への貢献。

　そして当機構内の企業会計基準委員会が，逐次企業会計基準の設定を行ってきた。現在，実質的に企業会計基準委員会が企業会計審議会にかわって企業会計の基準の設定の任を負っている。企業会計基準委員会がピースミール方式により公表するものを「企業会計基準」という。

(6) 会計基準の国際的な統一への動向

　近年会計の国際的な統一ルール作りを進める動きが活発化している。すなわ

ちイギリスに本部のある，民間の国際会計基準委員会財団の国際会計基準審議会が公表する国際財務報告基準を，各国が自国内の証券取引所に提出される財務報告書として受け入れようとする動きが活発化している。わが国においては国際会計基準審議会（IAS）が公表する国際財務報告基準（IFASs）を企業会計基準委員会が受け入れようとする動きが進められている。国際会計基準審議会によって作成される国際財務報告基準は，国境を越えて資金調達を行う継続的事業体の経営活動にマッチさせ，資金調達を促進することに資するための模索であるといえよう。すなわち，国境を越えて資金調達を行う企業の経営活動の展開によって，会計監査上の要請，ステークホルダーへの便宜のために国際的な会計の統一ルールが必要になったものと解することができよう。（しかしながら，国際的に共通の会計基準を受け入れるか否かの判断は，会計理論上の判断ではなく，それぞれの国の経済的環境に対応して，それぞれの国において政治的に判断されるものである。すなわち，国際財務報告基準のような，いわゆる演繹法的な会計基準の設定は，経済的環境を斟酌しての政治的判断であるといえよう。）

(7) 中小企業への会計に関する動向

継続的事業体の経営実体，特性，ステークホルダーが異なる場合，継続的事業体に求められる会計のありようも異なるものとなる。いわゆる中小企業への会計のルールがわが国で近年模索されている。国境を越えて資金調達を行う継続的事業体にマッチする国際財務報告基準の適用が検討される継続的事業体の規模は，様々な点で比較的大きく，ステークホルダーの質や数はそれなりのものがある。これに対して，いわゆる中小企業の会計のルールを必要とする継続的事業体の規模は，様々な点で比較的小さく，ステークホルダーの質や数もそれなりのものがあって，国際財務報告基準の適用が検討される継続的事業体への会計基準とは異なるものとなる。そして，現在，わが国の約260万の会社の内，そのほとんどがいわゆる中小企業である点を考慮する必要がある。

1）中小企業の会計に関する指針
国際財務報告基準を適用する会社は外国の市場で資金調達を行おうとする大

規模な会社である（わが国においては，国際財務報告基準は，平成26年3月現在任意適用であって，適用している会社は40社程度にすぎない）。外国の市場から資金調達を行わない中小企業は国際財務報告基準を受け入れようとしている企業会計基準を適用する必要性はない。つまり企業会計基準は，いわゆる中小企業には馴染まない基準である。公開会社が適用する企業会計基準をいわゆる中小企業はどこまで適用するのか等の論議の中にあって，いわゆる中小企業の会計に関する明確な基準が別途必要であるとの動きが活発になった。

　2002（平成14）年6月に中小企業庁は「中小企業の会計に関する研究会報告書」を公表した。これは株式公開を目指していない中小企業を対象として望ましい会計のあり方を示したものとされ，計算書類作成に際して過重負担とならないよう配慮したものである。その後企業会計基準委員会・日本税理士会連合会・日本公認会計士協会・日本商工会議所は共同して「中小企業の会計に関する研究会報告書」，「中小会社会計基準」，「中小会社の会計のあり方に関する研究報告」を整理・統合して2005（平成17）年8月に「中小企業の会計に関する指針（以下指針とする）」を公表した。指針の目的は，中小企業が望ましい計算書類を作成するための拠り所としての会計処理及び注記等を示すことにある。指針が適用されるのは株式会社であるが，特例有限会社，合名会社，合資会社または合同会社が計算書類を作成する場合においても指針に拠ることが推奨されている。指針が公表されたことにより比較的規模の大きな株式会社においては企業会計基準を，いわゆる中小企業においては指針を拠り所として，会計実務がなされることとなった。なお指針は規範であるため，企業会計原則と同様に法的拘束力を持たない。その後，上記4団体は「中小企業の会計に関する指針作成検討委員会」を設立し2006（平成18）年4月に指針を改正した。この改正は，企業会計基準委員会が公表した各種の企業会計基準と2006（平成18）年5月に施行された会社法との調整を図ったものである。その後改正作業は進められている。最新の指針は，企業会計基準委員会・日本税理士会連合会・日本公認会計士協会・日本商工会議所それぞれの，インターネット上のホームページにアクセスすることによって知ることができる。

2）中小企業の会計に関する基本要領

2011（平成23）年2月に中小企業の実態に即した新たな中小企業の会計処理のあり方を示すものとして「中小企業の会計に関する検討会」が中小企業関係者等を主体として設けられた。これには中小企業庁と金融庁も事務局として参加した。そしてこれに法務省がオブザーバー参加して，翌2012（平成24）年2月に「中小企業の会計に関する基本要領」が公表された。これは国際会計基準の影響を受けないものとされ，金融商品取引法規制の適用対象を除く株式会社または会社法上の会計監査人設置会社を除く株式会社の利用が想定されており，また特例有限会社，合名会社，合資会社または合同会社についても，その利用をすることができるとするものである。

(8) 商法会計

商法はドイツ人法学者ヘルマン・レスラー（ロエスレル）の草案に始まり1890（明治23）年にいったん制定されたものの，当時のわが国の実情に合わないとされ，あらためて1899（明治32）年に制定された（同年3月9日法律第48号）。一般に，1890（明治23）年に制定された商法を旧商法，1899（明治32）年に制定され今日に至っている商法を現行商法と称している。現在，商法は，第一編「総則」（商・1－32），第二編「商行為」（商・501－683），第三編「海商（商・684－851）の3編から構成されている。商法は，銀行等の債権者及び企業や個人等の出資者の保護を目的とし，それに沿う会計規定を設けている（商・19，商規・4－8）。すなわち商人は営業上の財産及び損益の状況を明らかにするため，商業帳簿の作成をしなければならないとし，商業帳簿とは，仕訳帳・元帳・補助簿等の会計帳簿と貸借対照表を指すとされる。また，商業帳簿の作成時期，財産の価額，裁判所への提出，及び保存についての規定も設けている。商法は，「商人の会計は，一般に公正妥当と認められる会計の慣行に従うものとする」（商・19①）と規定し，商法施行規則は，「一般に公正妥当と認められる会計の基準その他の会計の慣行を斟酌しなければならない」（商規・4②）としている。商法の諸規則に基づいて会計の処理を行うことを商法会計という。次に述べる

会社法が施行されたことにより，商法会計は主として個人の継続的事業体がその適用を受ける。

(9) 商法会計から会社法会計へ

2006（平成18）年5月に会社法｛2005（平成17）年7月26日法律第86号;法務省令｝が施行された。これは，改正前商法第二編「会社」，有限会社法，株式会社の監査等に関する商法の特例に関する法律の3つを整理・統合したものである。会社法の施行によって有限会社法，株式会社の監査等に関する商法の特例に関する法律は廃止された。会社法の施行に関連して「会社法の施行に伴う関係法律の整備等に関する法律」｛2005（平成17）年7月26日法律第87号｝が制定された。会社法は，株式会社，合名会社，合資会社，合同会社を規定している（会・2）。また会社法は株主及び債権者の保護を目的としているため会社の会計について規定している（会・431-444）。そして「適時に，正確な会計帳簿を作成しなければならない」（会・432, 615）とし，貸借対照表の作成を求めている（会・435, 617）。また，商法と同様に商業帳簿の作成時期，財産の価額，裁判所への提出，及び保存についての規定も設けている。また，「一般に公正妥当と認められる企業会計の慣行に従うものとする」（会・431, 614）と規定している。そして会社計算規則は「一般に公正妥当と認められる企業会計の基準その他の企業会計の慣行をしん酌しなければならない」（計規・3）としている。会社法の諸規則に基づいて会計の処理を行うことを会社法会計という。

2．税への関連学問分野からのアプローチ

経済取引において，取引の当事者に必要とされることは，当事者相互の理解と納得であろう。当事者の一方が相手方の理解と納得なしに取引を強行した場合，相手方の「良心」は傷つけられ葛藤が生じ，争いが生じるかもしれない。

税務会計は継続的事業体と課税権者としての国及び地方公共団体との関係にあって，通常の取引を上回る強い優位性を有する税が継続的事業体には課せら

れる。

　税は，国または地方公共団体がその必要な経費に充てるために，国民から反対給付なしに強制的に徴収する金銭給付であるとされる。継続的事業体の通常の取引による債務（買掛金・借入金・未払金等）よりも確定された納税額の方が社会的に優位性を有する。継続的事業体に課税についての理解と納得がない場合においても，課税権者は権力を行使して，税法の規定に則り課税はなされる。従って，継続的事業体の経営者，そして会計担当者には，税法の成立ちの理解と納得が求められることになる。

　税は納税者としての継続的事業体と課税権者としての国及びや地方公共団体との，個別的・直接的な関係にある。その国の経済，政治の動きの中で税制は検討され，議会で成立した税法の規定を継続的事業体は，当然絶対的に尊守すべきものとなる。従って租税論，議会の動向，税法，税務行政上の立場・運用

図表 序－1　税法の成り立ちと税務会計論との関係

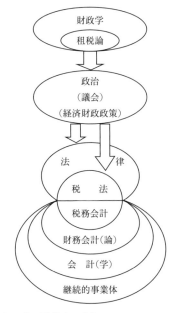

（出所：濵沖2013，52ページ，図表4－5）

序章　税務会計及び税務会計論を巡る環境　89

の理解が税務会計論の理解のためには必要となる。

　このような税法の成り立ちと税務会計論との関係を示せば図表序－1のようになるであろう。

　法，経済，会計及び学問体系における法学，経済学，会計学の包含関係については既に第Ⅰ部において述べたところである。一方，従来からの各学問を個別に独立したものと捉えて，税を中心としてみた場合の，税への学問的アプローチは，法学・経済学・会計学となる。これらの学問的アプローチを示せば図表序－2のようになるであろう。ここでは税を中心にして学問的アプローチを平面的に表現している。このような捉え方は，本書の税務会計論への捉え方と異なるものではあるが税への理解の助けになろう。

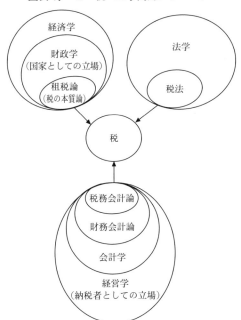

図表 序－2　税への学問的アプローチ

（出所：濵沖2013，53ページ，図表4－6）

うえの図について，以下でみていくことにする。

(1) 経済学からのアプローチ

　経済学の分科としての財政学では，国家の歳入及び歳出について考察する。ここで税の問題は租税論として考察される。租税論では，国家としてのあるべき税制の観点より，課税の公平（垂直的公平・水平的公平），経済財政政策の一部としての税の在り方，直間比率の在り方等，課税の本質が論じられる。かつて租税原則としてアダム・スミスの4原則（1776年），アドルフ・ワグナーの9原則（1890年）が主張された。また，課税の根拠については，公需説・利益説・保険料説・義務説等が論じられている。

　経済学からのアプローチでは国家（課税権者）の視点で論じられる。経済学での考察の理解によって，国の財政的・経済産業政策的観点からの租税に対する考え方とその必要性，個別の税の組み合わせの必要性等が理解される。

(2) 法学からのアプローチ

　法学では，憲法を頂点とする法体系の中で考察される。税法学で税法は扱われる。わが国においては，第2次世界大戦後の，現在の日本国憲法制定までは大日本帝国憲法下であったため，税に関しては行政法及び行政手続法との関係が強く，現憲法下における税法学では，租税実体法が中心テーマとされている，すなわち，それぞれの税の課税要件の考察が中心テーマとされているが，行政法及び行政手続法の影響を色濃く受けているといえよう。法学からのアプローチでは，憲法が定める納税の義務（憲法30条）や，いわゆる租税法律主義（憲法84条）に基づく個別税法の条文理解や解釈，また，判例研究によって税法条文体系全般についての考察がなされる。立法論としての考察もなされるが，制定された税法は所与のものとして考察の基礎となる。ここでは，税の「法的安定性」，「法的予測可能性」等が重要視される。法学からのアプローチの理解によって，自ら税務申告書を作成し納付する申告納税制度や国や地方公共団体から送付されてくる納付書で納税する賦課課税の法的根拠を理解することができる。

　法律は国が定めるものである以上，法学からのアプローチは課税権者サイド

からの考察となる。それは，個別の課税関係の実際では税法の施行機関としての税務当局と納税者との納税額を巡る対峙関係が散見されることからも明らかである。

(3) 会計学からのアプローチ

会計学の一分科としての「税務会計論」の位置づけと，その内容については第Ⅰ部においてすでにみたところである。継続的事業体にとっては，税法は所与のものとして存在する。すなわち，税法の規定の枠内で税務会計は存在し，税務会計論は考察される。

3．応能課税と所得課税及び応益課税

課税には応能課税という考え方がある。応能課税とは支払能力に応じて税を負担するという考え方である。この考え方は，わが国憲法の理念に一致して好ましいとされている。所得課税は，この応能課税の考え方と合致する。

一方，課税には応益課税という考え方がある。応益課税とは国や地方公共団体から享受する便益に応じて税を負担するという考え方で，いわば，国家財政を国民からの会費によって賄おうとする考え方である。後で述べる地方税の一部や消費税がこの考え方に合致する。

4．直接税と所得課税及び間接税

直接税は税を負担する者と納税する者とが同じ税をいう。直接税は納税の痛みを比較的感じやすいという特徴がある。納税の痛みを感じやすいがゆえに，国家財政を比較的安易に徴収することが難しいという特徴を持っている。しかし，納税は痛みを伴いながら納税者が自覚を持って主体的に行うべきである，とする考え方からすれば，直接税は好ましい税であるといえる。直接税中心を是とする考え方はわが国憲法の趣旨に沿ったものであるとする考え方に支持さ

れている。そして，直接税である所得課税は好ましいものとなる。また，直接税は応能課税と結びつく。

　直接税は国家経済が上向き，民間の事業体の所得が増加する場合には徴税額は上昇し，逆に経済が下向きの場合には徴税額が減少するため，安定的な財源にはなりにくい。

　一方，間接税は税を負担する者と納税する者とが異なる税をいう。間接税は比較的納税の痛みを感じにくいという特徴がある。納税の痛みを感じにくいがゆえに，国家財政を比較的安易に徴収することができるという特徴を持っている。間接税は徴収側の安定的な財源を確保する観点からは好ましいことになる。

第1章　収得税税務会計

1．収得税としての所得課税

　一般に収得税には，所得税，法人税，個人事業税，法人事業税，個人住民税（所得割），法人住民税（法人税割）がある。

(1) わが国の所得課税の概観

　わが国の所得税法は，1887（明治20）年に当時のイギリス及びプロシアの税制を模倣して創設された。当初は個人の所得を課税対象としていたが，1899（明治32）年に改正され，「第一種法人之所得」として法人の所得に対しても課税されるようになった。そして，1940（昭和15）年に法人税法が創設され，所得税と区別された。

　一方，商法は1890（明治23）年に創設された（旧商法）が，9年後の1899（明治32）年に改めて制定され（現行商法），1965（昭和40）年の全面改正を経て現在に至っている。所得税法での法人所得課税の成立時期に商法の成立時期が前後しているが，商業（経済）活動の進展に税法の内容がかかわりを持つという点でその意味合いは深いものがある。さらに，当時の憲法（大日本帝國憲法）は1889（明治22）年に発布されているが，所得税法はそれより2年早く創設されている。所得税法による財源確保が国家の成り立ちにいかに重要であるかということを示唆するものといえる。

　一方，わが国において歳入に占める割合の点において，間接税が本格的な地位を占めることになったのは，1989（平成元）年に施行された現在の消費税からである。

　現代社会における国の歳入に占める所得課税の割合については，財務省が公

表する国家財政の歳入と歳出に関する資料によって知ることができる。ここで税徴収の多寡は，政府の経済財政政策によるもので，所得課税と消費課税の割合（直間比率）の判断は，時の政府の判断であるということを理解しておく必要がある。

(2) 所得課税の課税対象

　法人税法及び所得税法において，所得の定義はなされていない。一般的な理解としては，所得とは，稼ぎ・儲けと理解して差し支えないであろう。所得税法及び法人税法は所得を課税標準として，これに税率を乗じて税額を算出する仕組みである。すなわち，

　　　　所得金額（課税標準）×税率＝税額

となる。

1）所得金額の対象

　所得金額の対象としての人には，自然人と法人がある。この自然人と法人の関係をどのように捉えるかという問題は，課税対象を考える際に重要である。すなわち，自然人と法人は別のものと捉えた場合，自然人の所得と法人の所得の両方に課税することになり，2重課税となり，課税の公平という考え方からして好ましいものとはならない。

　一方，法人は擬制的なものであって，最終的には自然人に法人の稼ぎ・儲けが帰着すると考えた場合は，法人の所得には課税する必要はないことになる。しかしながら，法人の稼ぎ・儲けが配当という形で自然人に帰着するまでには，場合によっては長期のタイムラグがあり，この間に脱税が行われないとも限らない。早期に，適正に歳入を確保したい国及び地方公共団体の立場からすれば好ましいものとはならない。わが国では，自然人の所得に対して所得税を課税し，また，法人の所得に対しても法人税を課税している。ここで，法人所得への課税根拠，すなわち法人税法成立の根拠は所得税の一部前払い（前受け）であるとされている。

2）所得税と法人税の税率

　自然人である人の所得に課税する場合，納税の痛みを考慮して，その痛みが公平になるような配慮が必要になる（垂直的公平）。すなわち，一定の所得までは課税せず，所得が多くなるに従って税率もしだいに大きくなるような仕組みが求められる。一般に税率には一定（比例）税率，累進税率，逆累進税率があるが，所得税の税率は納税の痛みを公平にするために累進税率が適当であって，また，適用されている。

　これに対して，法人の所得に課税する場合，所得税の一部前払い（前受け）であるから，税率は一定（比例）税率が適用される（ただし，現実には中小零細企業の実情を配慮し，これに対する低率も設定しているから複数税率となっている）。また，個人所得への課税の際にはすでに前払いしている法人税の過不足調整が必要になってくる（所得税における税額調整としての「配当控除」）。

(3) 所得課税と損益計算

　会計上の利益（または損失）の計算には，損益法と財産法（または財産目録法）がある。損益法とは，一定期間の収入から費用を差し引いて利益（または損失）を算定する方法である。財産法（または財産目録法）には，一定期間の期首の正味財産（純資産）と期末の財産法正味財産（純資産）とを比較して，期末の正味財産（純資産）の方が多かった場合，利益が算定され，少なかった場合は，損失が算定される。損益法で算定された利益（又は損失）も財産法（または財産目録法）で算定された利益（又は損失）も理論的には同じである。

　所得税も法人税も，所得の金額を算定するに当たって，会計上の損益計算を援用している。すなわち，会計上の利益（または損失）算定の仕組みを援用し

図表1－1　会計上の損益計算と所得課税上の所得金額算定の関係

法人税法	益金－損金＝所得金額
会計	収益－費用＝利益
所得税法	総収入金額－必要経費＝所得金額

（濵沖作成）

てそれぞれの所得金額を求めることとしている。このことを図で示せば，図表1－1のようになる。

この図において，会計上の利益計算を援用して所得金額を算定するが，その額は同じではない。それは収益と益金及び費用と損金が必ずしも同じではないからである。また，同様に，収益と総収入金額及び費用と必要経費が必ずしも同じではないからである。会計上の各項目と税法上の各項目の金額が食い違うのは，会計の目的と税法の目的が異なるからである。また，法人税法の益金及び損金と所得税法の総収入金額及び必要経費の名称が異なっているのは，法人の実態と自然人の事業（経営）実態が異なっているためである。

いずれにしても，所得課税において，会計上の損益計算が，それぞれの税法の所得金額を算定するために援用されている。

(4) 正規の簿記と青色申告

１）正規の簿記

会計において，利益算定のために，損益計算書のみを作成することが目的であるならば，収益と費用に関する帳簿としての売上帳，仕入帳，経費帳等，収支に関する記録があればよいことになる。

しかし継続的事業体にとって債権と債務の記録は経営上不可欠なことから，売掛帳（得意先元帳），買掛帳（仕入先元帳），受取手形記入帳，支払手形記入帳やその他の債権（貸付金，前渡金等）と債務（借入金，未払金，預り金等）を記録する帳簿が必要となる。また経営上の管理のために，現金出納帳，固定資産台帳への記帳も必要になる。これらの帳簿の一定時点の残高を確認することによって，貸借対照表が作成される。

これらの帳簿を必要に応じ用いて，一つの取引において複数の帳簿へ記入していき，最終的に損益計算書及び貸借対照表が同時に作成され，しかも，それぞれの利益（または損失）が一致する技法が複式簿記である。複式簿記ではそれぞれの帳簿に記入するために仕分けるための帳簿として，仕訳帳を使用する。すなわち，複式簿記は，一つの取引を投下と運用という２面からとらえ，２つ

以上の勘定科目に複式記入するものである。これを継続的に行うことによってすべての取引が余すところなく体系的に整理され，最終的に損益計算書と貸借対照表が誘導的に同時作成される。このような複式簿記の処理を行うことによって，検証可能性（情報源からシステムを通じてアウトプットされたものであることが，第三者に検証できること）と普遍性（情報処理にあたって偏りのない方法によっていること）が確保できることになる。従って複式簿記によって算定された利益または損失の額は，客観的に信頼されうるものとなる。このような複式簿記は一般に正規の簿記を意味するとされ，企業会計原則 一般原則の「正規の簿記の原則」の中身とされる。

 2）青色申告

法人税法では「青色申告承認申請書」を課税当局へ届出し，複式簿記によって貸借対照表及び損益計算書を作成するのであれば，青色申告法人となる（法則・53～59）。この制度では，納税者は自らが作成した会計帳簿を保管し，課税当局が指定する青色申告用紙を用いて税額を算定し，納付することになる。青色申告法人であれば，青色申告制度上のさまざまな特典（納税額の減少）を受けることができる。

一方，所得税法での青色申告者は，正規の簿記の原則に従って整然と，かつ，明瞭に記録し，その記録に基づき貸借対照表及び損益計算書を作成した場合に適用されるものとされている（所則・57）。

 3）白色申告

複式簿記または正規の簿記によらないで税務申告する法人または個人は（これには帳簿の存在しない法人または個人も含む）のことを，法人税法では白色申告法人，所得税法では白色申告者といい，青色申告で認められる各種の特典が認められない。

(5) 課税要件の事実

継続的事業体によって，一旦申告された納税内容について，または税務申告されるべきなのに申告がなされない等の場合，課税当局は適正な対応を行うこ

とが求められる。例えば，申告された内容を是認するのか否認するのか判断は，税法上の課税要件を事実認定するか，認定しないかによることとなる。継続的事業体の行った経済経営取引の何が課税要件になるのかの判断が納税者と課税当局の間で異なった場合，行き着くところは，課税当局サイドでは権力を行使して更正や決定を行うこととなり，納税者サイドでは訴訟を起こすことになる。従って，継続的事業体は，自己が行った経済経営活動の何が，課税要件となるのかを含めた税法に関する理解が必要となる。

2．個人収得税税務会計

収得税税務会計は，大きく個人収得税税務会計及び法人収得税税務会計に区分される。個人収得税税務会計の中心テーマは所得税税務会計であり，法人収得税税務会計の中心テーマは法人税税務会計といえよう。

一方，会計の修学の面から見た場合，一般にその初歩は簿記であり，簿記検定で云うなら3級→2級→1級（上級）と学習は進められるであろう。ここで一般に3級簿記は所有と経営が一体の個人企業を中心とする個人の継続的事業体の簿記の内容であって，2級以上は所有と経営が分離された株式会社を中心とした法人企業の簿記の内容である。

本書では上記のような簿記（会計）の修学順にならって，はじめに個人企業を中心とする個人の継続的事業体を対象とする個人収得税税務会計について述べ，次に株式会社を中心とした法人企業を対象とした法人収得税税務会計をみていく。

(1) 所得税税務会計

所得税税務会計とは，個人の継続的事業体と所得税法（昭和四十年三月三十一日法律第三十三号）との関係で行われる会計をいう。その中心は，以下で見ていく事業所得・不動産所得・山林所得になる。これらの理解のためには所得税法の全体構造の理解が必要となる。

2013（平成25）年分から2037（平成49）年分については，所得税と併せて復興特別所得税の申告及び納付がなされることとされた。復興特別所得税の額は，各年分の基準所得税額（原則として，その年分の所得税額）に2.1%の税率を掛けて計算した金額となる。

1）所得の意義

所得税は原則として個人の所得を対象として，その大きさに応じて課税するものであって，10に区分されている。所得税法における所得とは，総収入金額から必要経費を差引いたものであり，所得によっては必要経費のないもの，必要経費の代わりとなるものを使用して所得を算定するものもある。

2）計算期間

所得税の課税所得の計算期間は，原則としてその年の1月1日から12月31日までの1年間である。これを暦年主義という。その年の中途において死亡または出国の場合は，その年の1月1日から死亡または出国の日までが計算期間となる。また，個人が開業（自営）した場合は，開業の日から12月31日までが計算期間となり，廃業した場合は，廃業の日までが計算期間となる。

3）納税義務者

所得税は原則として個人に課税されるが，法人が利子等の特定利子を受ける時は，その利子に対して利子所得としての所得税が課税される。納税義務者は，居住者，非居住者，法人のいずれになるかによって課税される所得の範囲に違いがある。

①居住者

居住者とは，日本に住所または現在まで引き続き1年以上の居所がある個人をいう。居住者は，全ての所得，つまり日本国内のほか外国で生ずる所得についても所得税の納税義務者になる。

②非居住者

非居住者とは，日本に住所または1年以上居所がない個人をいい，日本国内に源泉がある所得について所得税の納税義務がある。

③非永住者

　非永住者とは，日本に永住する意思がなく，現在まで引き続いて5年以下の期間，国内に住所または居所のある個人をいう。非永住者には日本国内に源泉がある所得の全部と外国に源泉のある所得のうち日本国内で支払われ，または日本国内に送金のあったものについて，原則として所得税の納税義務がある。

④内国法人

　内国法人とは，日本国内に本店や主たる事務所がある法人をいう。内国法人には日本国内に源泉がある所得のうち，利子，配当等，利益の分配，料金または馬主が受ける競馬の賞金について，原則として所得税の納税義務がある。

⑤外国法人

　外国法人とは，内国法人以外の法人をいう。外国法人には，日本国内に源泉のある所得のうち，利子，配当等，各種使用料，人的役務の提供を内容として支払を受ける報酬，料金その他一定のものについて所得税の納税義務がある。

⑥源泉徴収義務者

　源泉徴収義務者も，特定の所得に対して源泉徴収後，これを納税することになるので納税義務者になる。

　4）非課税所得，免税所得及び軽減免税

①非課税所得

　所得税には，社会政策上や課税技術上の観点から課税しない非課税所得がある。非課税所得には，人的非課税と物的非課税がある。

　（ア）人的非課税

　治外法権者，地方公共団体・政府が出資する機関，特定の外国法人，外交官等，特定の者に対して所得税は課税されない。

　（イ）物的非課税

　物的非課税とは，特定のものに対して所得税を課さないことをいい，次のものがある。

　　ア）社会政策的な配慮によるもの…傷病者や遺族の受ける恩給及び年金。

　　イ）担税力（税を負担する力）の配慮によるもの…年齢65歳以上の者等が

一定の手続きをした郵便貯金の利子や元本一定額までの預金利子，納
　　　税準備預金の利子等，一定の損害賠償金，学資金や扶養義務履行の給
　　　付，子供銀行の預貯金利子等。
　　ウ）実費弁償的性格によるもので，給与所得者の通勤費や出張旅費。
　　エ）2重課税排除の配慮によるもの…相続によって取得した資産。
　　オ）公益目的によるもの…文化功労者年金やノーベル賞の賞金や宝くじ等
　　　の当選金品。
②免税所得
　産業政策上，あるいは社会政策上特定の所得について所得税を免除とする免
税所得がある。これには開墾地等から生ずる農業所得，農家が飼育した肉用牛
の売却から生ずる農業所得がある。この適用を受けるには一定の手続きによる
申告が必要である。
③軽減免除
　軽減免除とは，災害減免法に規定されているもので，震災，火災その他これ
に類する災害により，自己や扶養親族の所有する住宅または家財に甚大な被害
を受け，その年の合計所得金額が一定額以下である者に対して，その年分の所
得税を減免または免除することをいう。
　5）所得の種類
　所得税法では，所得をその発生形態等により次の10種類に区分して，まず個
別に所得金額を計算する。
　　①　利子所得　②　配当所得　③　不動産所得　④　事業所得
　　⑤　給与所得　⑥　退職所得　⑦　山林所得　⑧　譲渡所得
　　⑨　一時所得　⑩　雑所得
①利子所得
　利子所得とは，公社債及び預貯金の利子，合同運用信託及び公社債投資信託
の収益の分配にかかる所得，従業員が受ける社内預金の利子等をいう。
　ただし，次に挙げる利子は利子所得にはならない。
　（ア）一般の貸金業者の収入である利子…事業所得になる。

(イ) 学校債や組合債の利子，事業者でない者の貸付金利子，割引債の償還差益，相互掛金の給付補塡金等…雑所得になる。

②配当所得

配当所得とは，法人から受ける利益の配当（中間配当を含む），協同組合から受ける剰余金の分配（出資に係るものに限る），相互保険会社から支払われる基金利息，公社債投資信託以外の証券投資信託の収益の分配（株式を運用対象としたものに限る）等による所得をいう。

③不動産所得

不動産所得とは，不動産の貸付，不動産の上に存する権利（地上権，永小作権，地役権，借地権，借家権等）の貸付，船舶または航空機の貸付による所得をいう。

④事業所得

事業所得とは，農業，漁業，製造業，卸売業，小売業，サービス業等の営業等から生じる所得をいう。また，農事組合法人や漁業生産組合から支払を受ける従事分量分配金，協同組合等から支払を受ける事業分量配当も事業所得になる。

(ア) 事業所得の総収入金額

事業所得の総収入金額となるのは，その年において収入となることが確定した取引の金額である。つまり，収入の計上基準として，収入すべき権利が確定した時点で収入として計上するという権利確定主義の考え方を採用している。

総収入金額は具体的には次のものがある。

ア) 売上高（総売上高から売上値引・返品・割戻しの額を控除した純売上高）。

イ) 自家消費（棚卸資産としての商品を個人的に使用した場合，棚卸資産を購入したときに仕入勘定で処理するため，個人的に使用した部分を，それに対応する総収入金額として販売価格で計上することを原則とする）。

ウ) 贈与（自家消費と同様の処理である）。

エ) 低額譲渡（棚卸資産を，通常の販売より低い価額で販売等することをいい，自家消費と同様の処理である）。

オ）商品等の棚卸資産の損害について受け取る保険金，損害賠償金等。

カ）作業屑や空き箱等の売却代金，仕入割引。

キ）受贈益，引当金や準備金の戻入高。

　事業所得の総収入金額は，その年中に収入となることが確定した金額であるから，売上代金が未収であっても収入金額に含まれる。企業会計上，受取利息・受取配当金・有価証券売却益・固定資産売却益等は収益に含まれるが，事業所得の総収入金額に含まれない。受取利息は利子所得または雑所得，受取配当金は配当所得，有価証券売却益及び固定資産売却益は譲渡所得となる。

（イ）事業所得の必要経費

　所得税法上の必要経費とは，原則として総収入金額を得るために直接要した（間接的なものは含まれない）支出の額，及びその年における販売費及び一般管理費，その他の費用の額をいう。

　原則として債務の確定したものが必要経費として認められる。これを債務確定主義という。しかし減価償却費は必要経費として認められている。

　次に，必要経費のうちいくつかを説明する。

　　ア）売上原価

　　　　売上原価は，販売した商品に対応する原価のことである。

　　　　売上原価を算定するとき重要になるのは，期末商品の棚卸高をいくらにするかという問題である。これは，期末商品棚卸高の額が，売上原価の額を（従って利益の額を）左右するからである。所得税法では，期末商品棚卸高の商品単価の計算に際して原価法及び低価法を認めている。原価法については次の6つの方法を認めている（所令・99①）。

　　　　　ⅰ．個別法
　　　　　ⅱ．先入先出法
　　　　　ⅲ．総平均法
　　　　　ⅳ．移動平均法
　　　　　ⅴ．最終仕入原価法
　　　　　ⅵ．売価還元法

上記 v. の最終仕入原価法とは，年末に一番近い時点で仕入れた商品の仕入単価を用いて期末棚卸高を計算する方法である。必ずしもすべての事業者が商品有高帳を記帳しているとは限らないためであり，また，最も簡便な方法であるといえる。

以上のほか必要経費には以下のものがある。

イ）給与

給料または報酬，賞与，退職給与を合わせて給与というが，事業主に対する給与は必要経費にならない（事業主個人の生活費を含む稼ぎは，基本的に，事業所得の金額で表現される）。また，事業主の家族従業員以外の従業員に対しての給与は必要経費になるが，事業主の家族従業員に対する給与は，事業主が青色申告者である場合で，青色事業専従者の届出書を所轄税務署に提出している場合，届出額の範囲以内の支給金額が必要経費になる。事業主が白色申告者である場合は，家族従業員1人につき，次のⅰ及びⅱのうち，いずれか低い金額が事業専従者控除として必要経費になる。

　　ⅰ．事業主の配偶者である専従者　　86万円
　　　　それ以外の専従者　　　　　　　50万円
　　ⅱ．（事業専従者控除額控除前の事業所得，不動産所得及び山林所得の合計額）÷（事業専従者数＋1）

なお，青色事業専従者または事業専従者の適用を受けた家族従業員は，事業主の所得控除としての配偶者控除または扶養控除の適用は受けられない。

ウ）租税公課

固定資産税，事業税，自動車税，所得税の延納に係る利子税，印紙税等の内，事業用部分については租税公課として必要経費になるが，所得税，住民税，相続税，贈与税及びこれらの加算税，延滞税，罰金，科料，過料等の罰科金は，必要経費にならない。

エ）減価償却費

所得税の減価償却は，原則として定額法で行う。届出により，定率法による減価償却が認められる。

オ）家事関連費

家事関連費とは，個人企業において，事業用と家事用が含まれる支出をいう。事業遂行上必要な割合に限り必要経費にできる。これには，固定資産税，地代，家賃，水道光熱費，通信費，車両関係費等がある。

（ウ）事業主勘定

所得税の納付額は必要経費にならないため，納付の際に事業用の資金を用いるならば，いったん投入した資本金（もとで）を引き出すことになる。従って，この場合の会計処理（簿記）としては，引出金勘定の借方に記入することになる。しかし所得税税務会計では，引出金勘定を使用せず，事業主貸勘定を使用し，その借方へ記入する。また，所得税税務会計では，資本金勘定の代わりに元入金勘定を用い，追加元入れした場合には事業主借勘定を使用し，その貸方へ記入する。

個人企業における簿記では「もとで」を「資本金」勘定で表現し，「資本金」勘定の年度末残高が増加する場合は「利益」の増加を意味する。「元入金」勘定も同様で，過年度の残高（当事業年度の期首残高）と比較して増加していた場合，過去の年分の「利益」が増加したことを意味する。

「事業主貸」，「事業主借」及び「元入金」の勘定科目は，国税庁が指定する収支内訳書と所得税青色申告決算書にあらかじめ記載されている。これらの勘定科目は，事業主自身の勘定であるため，翌事業年度の初日に，事業主貸勘定及び事業主借勘定の残高を元入金勘定に振替える。

（処理例）

1．取引の仕訳

1）3月15日にA税務署で確定申告を行い，所得税￥600,000を事業用の現金で支払った（単位：円）。

（借）事業主貸　600,000　　（貸）現　　金　600,000

2）A税務署より予定納税の納付書が送付されたので，7月31日に第1期分￥200,000を事業用の現金で支払った。

（借）事業主貸　200,000　　（貸）現　　金　200,000

3）翌年の3月15日に確定申告をおこない，前年分の所得税額を計算したところ，￥300,000であった。第1期及び第2期の予定納税分￥400,000との差額￥100,000の還付を口座振り込みにより受けた。

（借）預　　金　100,000　　（貸）事業主借　100,000

2．個人事業者であるB氏の，ある年分の決算整理後の，事業主貸勘定，事業主借勘定，元入金勘定，所得金額のそれぞれの残高が，￥400,000，￥200,000，￥1,000,000，￥100,000である場合の翌事業年分初日（1月1日）の元入金勘定の残高を算定すれば￥900,000となる。

計算式を示すと次のようになる。

￥200,000＋￥1,000,000＋￥100,000－￥400,000＝￥900,000

（エ）青色申告特別控除

事業所得にかかわる取引を複式簿記で記録している青色申告者は，事業所得の金額から青色申告特別控除額65万円までを差引くことができる。それ以外の青色申告者は，青色申告特別控除額10万円までの金額を差引くことができる。この青色申告特別控除額65万円あるいは10万円は，他に山林所得あるいは不動産所得がある者は，まず不動産所得から，差引けない部分を事業所得から，次に山林所得からという順に差引く。

（オ）事業所得申告用の定形決算フォーム

総収入金額と必要経費を算定して所得金額を確定させる，その計算のための用紙は国税庁によって定められており，青色申告者の場合には「所得税青色申告決算書」{損益計算書と貸借対照表（資産負債調べ）}に，白色申告者の場合には「収支内訳書」（損益計算書等）に記載して，所得税確定申告時に申告書と併せて所轄税務署に提出する。

事業所得計算の流れを示せば，図表1－2のようになる。

図表1-2 事業所得計算の流れ

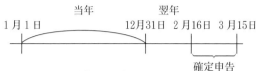

(出所:濱沖1998,41ページ,図表2-10)

(カ)事業所得金額の持つ意味

　事業所得として算定された金額の持つ意味は,当該事業者のその事業年分の,いわば稼ぎを表示するものである。減価償却費などを整理した現金ベースの金額は1年間の生活費を含む支出額・貯蓄額となる。所得金額が比較的多い場合は,消費及び貯蓄の増加あるいは他者への貸付を意味し,逆に所得金額が生活費より低い場合は貯蓄の取り崩しあるいは他者からの借入金で生活していたことを意味する。このように事業所得として算定された金額の持つ意味は現実の生活と直接的に結びつく数値を示している。この点が法人税における所得金額が示す意味とは異なることに留意すべきである。

⑤給与所得

　給与所得とは,俸給,給料,賃金,歳費(国会議員が受け取る給与)及び賞与その他これらの性質を持っている所得をいう。

⑥退職所得

　退職所得とは,退職に際し勤務先から受ける一時恩給や退職金等の所得をいう。また,社会保険制度に基づいて支払を受ける退職一時金は勤務先から支給されるものではないが,過去の勤務により一時的に支給される点で一般の退職金と同様とされることから退職所得になる。

⑦山林所得

　山林所得とは,山林を伐採して譲渡したり,立木のまま譲渡することにより生じる所得をいう。ただし,山林を取得してから5年以内に伐採または譲渡した場合は,山林所得ではなく事業所得または雑所得になる。山林を山ごと譲渡した場合,土地の部分は譲渡所得となる。

⑧譲渡所得

　譲渡所得とは，販売を目的としない土地，借地権・家屋・車輌等の資産を譲渡したり交換したことにより生ずる所得をいう。事業用車両等を売却した場合，簿記では売却益または売却損を計上するが，所得税法会計においては売却益は「事業主借」勘定で，売却損は「事業主貸」勘定で処理しておき，売却価格は譲渡所得として処理することになる。また，生活用動産のうち貴金属や書画骨董等で1個または1組の価額が30万円を超えるものを譲渡して生じた所得も譲渡所得になる。

⑨一時所得

　一時所得とは，営利を目的とする継続的な行為から生じる所得ではなく，労務その他の役務または資産の譲渡の対価の性質を持たない所得で一時的に生ずる所得をいう。これには，懸賞の賞金，競馬競輪の払戻金，借家人が受け取る立退料，生命保険契約や損害保険契約の満期返戻金等がある。

⑩雑所得

　雑所得とは，上記①から⑨までの所得のいずれにも該当しない所得をいう。例えば，非営業用資金の利子，郵便年金・生命保険年金・学校債・組合債の利子，公的年金，国税・地方税に係る還付加算金，非営業の講演料や原稿料・印税等が雑所得になる。

　6）課税される各種の所得計算

　10種類に区分された所得の金額は，次のように算定される。

①利子所得の金額＝収入金額

②配当所得の金額＝収入金額－元本を取得するために要した負債の利子

③不動産所得の金額＝総収入金額－必要経費

④事業所得の金額＝総収入金額－必要経費

⑤給与所得の金額＝収入金額－給与所得控除額

⑥退職所得の金額＝（収入金額－退職所得控除額）÷2

⑦山林所得の金額＝総収入金額－必要経費－特別控除（50万円以内）

⑧譲渡所得の金額＝総収入金額－（取得費＋譲渡費用）－特別控除（50万円以

内：特別控除は短期譲渡所得金額（短期とは，取得の日以後5年以内に譲渡したもの）から先に控除し，引ききれない場合，長期譲渡所得金額から引く。また，総合課税される時，長期譲渡所得金額は2分の1の金額になる。）
⑨一時所得の金額＝総収入金額－支出した金額－特別控除（50万円以内：総合課税される時，一時所得金額は2分の1の金額になる。）
⑩雑所得の金額＝総収入金額－必要経費

7）分離課税を行う所得

　所得税は，すべての所得を総合して税額計算（総合課税）するのが原則である。しかし，利子所得のように原則として源泉分離課税（確定申告を必要としない）となっているもの，退職所得，山林所得，土地，建物等や株式等の譲渡所得，先物取引にかかる雑所得等のように申告分離課税（確定申告書の中で分離して計算する）となるものもある。

①利子所得

　公社債及び預貯金の利子等の利子所得は原則として15.315％（他に住民税5％）の税率による源泉分離課税となる。

②退職所得

　会社等を退職し退職金を受領する時は，収入金額から退職所得控除を差し引いた金額の2分の1に税率をかけた額が源泉徴収される。また，退職金支給時に，「退職所得の受給に関する申告書」を支払者に提出しなかった場合は，20.42％の税率で源泉徴収される。通常は，これで所得税の退職所得への課税は完結し確定申告の必要はないが，不動産所得の損失のうち土地等取得のための借入金相当以外の損失，事業所得の損失，総合課税の譲渡所得の損失があり，その損失が総合課税の他の所得金額と差し引きしてもなお損失がある場合には，申告によって納税額が還付される場合がある。

③ 山林所得

　山林所得は，課税山林所得の5分の1に相当する金額に一般の税率（累進税率）を乗じて算出して得た金額を5倍して税額が算定される（五分五乗方式）。従って，税額計算にあたっては，他の所得と総合して課税されない。

④土地建物等の譲渡所得や，個人の不動産業者等の事業所得または雑所得

　土地，借地権や建物等を譲渡した場合の所得は，その所有期間によって短期譲渡所得または長期譲渡所得に区分され，他の所得と分離して課税される。短期譲渡所得とは，その年の1月1日において所有期間が5年以下の場合をいい，5年を超える場合は長期譲渡所得という。

　農地保有合理化等の譲渡，優良住宅地の造成等のための土地等の譲渡（特定所得分）や所有期間が10年を超える居住用財産の譲渡（軽課所得分），居住用財産の譲渡，国や地方公共団体等に対する土地等の譲渡や収用された場合の譲渡（軽減所得分）等については，800万から5,000万円までの特別控除がある。また，税率も長期と短期，一般分と特定分，軽課分，軽減分等異なる。

⑤株式等にかかる譲渡所得等

　株式等の譲渡による事業所得，譲渡所得及び雑所得については，原則として申告分離課税になるが，上場株式において特定口座を設け源泉分離課税を選択することができる。しかし，公社債（新株予約権付社債等を除く）貸付信託の受益証券の譲渡による所得は非課税となる。また，ゴルフ会員権を得るために取得した株式の譲渡益は，総合課税の譲渡所得として課税される。

8）所得の総合

　所得税では，納税者ごとに1暦年間の所得を総合して課税を行うため，各所得金額を総合する。この場合，源泉分離課税とされる利子所得，申告しない事を選択した配当所得や株式の譲渡所得，土地等建物等の譲渡所得は総合の対象外となる。

　計算は，まず，利子，配当，不動産，事業，給与，譲渡，一時及び雑の各所得金額を総合して総所得金額を算出する。

　山林所得や，退職所得，分離課税の短期（長期）譲渡所得，株式等に係る譲渡所得等がある時，各所得金額は，総所得金額，山林所得金額，退職所得金額，分離課税の短期（長期）譲渡所得金額，株式等に係る譲渡所得金額に分かれる。

9）損益通算

　2種類以上の所得があって，これらの所得金額の合計を行う場合に，事業所

得や不動産所得，山林所得，総合課税の譲渡所得金額，一定の居住用財産の譲渡損失の金額があって，これらの所得金額にマイナスがあるときは，マイナスの金額を一定の順序に従ってその年の他のプラスの所得金額から控除して総所得金額を計算する。このことを損益通算という。

10) 所得控除

所得控除は社会政策または経済政策目的によるもの，生活保障目的によるもの，申告者の個人的な事情を考慮したもの等で，全部で14種類ある。

①雑損控除

災害や盗難，横領により住宅や家財等に損害を受けた場合や，災害等に関連して支出をした場合に控除できる。

②医療費控除

自己や生計を一にしている配偶者その他の親族のために支払った医療費が一定額以上，あるいは算定額以上ある場合に控除できる。

③寡婦・寡夫控除

(ア) 寡婦控除

夫と死別した後再婚していない人や夫の生死不明の人，または夫と離婚した人でその年の総所得金額が38万円以下の生計を一にする扶養親族となる子がいる人で，その年の合計所得金額が500万円以下の女性は27万円又は35万円の寡婦控除の適用を受けることができる。

(イ) 寡夫控除

妻と死別・離婚した後再婚していない人や妻の生死不明の人で，その年の総所得金額が38万円以下の生計を一にする扶養親族となる子がいる人で，その年の合計所得金額が500万円以下の男性は，27万円の寡夫控除の適用を受けることができる。

④障害者控除

自己またはその控除対象配偶者及び扶養親族がその年の12月31日（年の中途で死亡した場合には，その死亡の日）において身体障害者，市町村長の認定を受けた65歳以上の人や特別障害者である場合控除できる。障害者控除額は27万円，

特別障害者控除額は40万円，同居特別障害者は75万円である。

⑤勤労学生控除

　自己が学校教育法第1条に規定する学校等の学生等であって，合計所得金額が65万円以下で，しかも利子所得，配当所得等の給与所得以外の所得が10万円以下の者は，27万円が控除できる。

⑥社会保険料控除

　自己や自己と生計を一にしている配偶者その他の親族のために，自己が負担した社会保険料（健康保険，厚生年金，厚生年金基金，国民健康保険，国民年金，国民年金基金，介護保険料等）は，その年に支払った金額が控除できる。

⑦小規模企業共済等掛金控除

　小規模企業共済法に規定する共済契約により中小企業事業団に掛金等を支払った場合に，支払った金額が控除できる。

⑧寄付金控除

　国や地方公共団体，社会福祉法人，認定NPO法人等特定の団体に支出した寄付金や特定の政治献金等を支出した場合に一定の金額が控除できる。

⑨生命保険料控除

　生命保険や生命共済等で，自己が支払った保険料がある場合に，一定の計算に従う金額が，一般の保険料，介護医療保険料，個人年金保険料とに区別して控除できる。

⑩地震保険料控除

　火災保険や地震保険等の損害保険契約について，自己が支払った保険料がある場合に，長期及び地震保険料の別に，一定の計算に従う金額が控除できる。長期保険料とは，保険期間や共済期間が10年以上の契約で満期返戻金等を支払う旨の特約がある損害保険料や掛金をいう。

⑪配偶者控除

　自己に控除対象配偶者{その年の12月31日現在（年の中途で死亡した場合には，その死亡の日）において自己と生計を一にする配偶者で，その年の合計所得金額が38万円以下の人で，青色事業専従者や白色事業専従者又は他の人の扶養親

族でない人}がいる場合に，配偶者控除38万円が控除できる。また，年齢70歳以上の控除対象配偶者の控除額は48万円である。

⑫配偶者特別控除

　自己のその年の合計所得金額が1,000万円以下で，生計を一にする配偶者（青色事業専従者や白色事業専従者である者は除く）のその年の合計所得金額が，38万円を越え76万円未満である場合に，その配偶者の所得の金額によって段階的に区分された所定の金額が控除できる。

⑬扶養控除

　16歳以上の扶養親族につき，年齢ごとに，又老親については同居か否かにより控除額が定められている。

⑭基礎控除

　すべての納税者に適用され，控除額は38万円である。

11）納付金額の算定計算順序

所得金額が算定されると，次の順序に従って，納付金額の算定計算を行う。

　①所得金額－所得控除額＝課税所得金額

図表1－3　所得税の税率

課税総所得額（A）		税率	控除額	税額
超	以下	(B)	(C)	(A)×(B)－(C)
195万円		5%	———	(A)×5%
195万円	330万円	10%	97,500円	(A)×10%－　97,500円
330万円	695万円	20%	427,500円	(A)×20%－427,500円
695万円	900万円	23%	636,000円	(A)×23%－636,000円
900万円	1,800万円	33%	1,536,000円	(A)×33%－1,536,000円
1,800万円超		40%	2,796,000円	(A)×40%－2,796,000円

＊平成27年分以降については，課税総所得金額1,800万円超4,000万円以下の税率が40%になる。そして4,000万円超の金額の税率が45%となり，この税額の算式は（A）×45%－4,796,000円となる。

②課税所得金額×税率＝所得税額

③所得税額×2.1％＝復興特別所得税額

④所得税額＋復興特別所得税額＝算出税額

⑤算出税額－税額控除－源泉徴収税額－予定納税額＝納付税額

⑥納付税額－延納届出額＝申告期限までに納付する金額

12）税率

　所得税の税率は，課税所得金額をいくつかの段階に区分して，課税所得金額が増えるに従い，段階的に税率が高くなる超過累進税率を採用している。課税される総所得金額に対する税率は図表1－3に示すとおりである。

13）復興特別所得税

　「東日本大震災からの復興のための施策を実施するために必要な財源の確保に関する特別措置法」（平成23年法律第117号）が平成25年1月1日から実施された。これは平成25年分から平成49年分の所得について，毎年の所得税額に対して2.1％の付加税を所得税と併せて納付するというものである。

14）税額控除

　税額控除は政策の目的等により設けられているもので，主なものに以下がある。

①配当控除

　総所得金額の内に，内国法人から支払を受ける配当（建設利息や基金利息，確定申告をしない事を選択した配当等を除く）や，特定株式（証券）投資信託の収益の分配に係る配当所得がある場合には，所定の金額が控除される。

②住宅借入金等特別控除

　申告者が，一定の要件に当てはまる住宅を新築，購入または増改築して6か月以内に居住した場合で，その家屋取得の為に一定の借入金等がある場合に，その年末残高を基に計算し，居住開始年月日によってそれぞれ異なる金額が控除できる。

③寄付金税額控除

　特定の政治献金のうち政党や政治資金団体に対するもの，一定の要件を満た

す公益社団法人等に対する寄付金について控除を受けることができる。ただし，寄付金控除との二重控除はできない。

④災害減免額

その年の総所得金額が1,000万円以下の人が，災害により住宅や家財について損害を受け，その損害額（保険金，損害賠償金等で補填される部分を除く）が，住宅や家財の価額の2分の1以上の場合に減免を受けることができる。ただし，その損害について雑損控除との二重適用はできない。

⑤外国税額控除

その年において，納付する外国所得税がある場合等に控除できる。

⑥その他の税額控除

その他の税額控除として，青色申告者には，試験研究費の額に対する特別控除，中小企業者が機械等を取得した場合の特別控除，情報通信機器を取得した場合の特別控除，その年分の時限措置としての控除がある。

15）確定申告

①所得税の確定申告書のフォーム

所得税は，納税者自身が自己の所得及び税額を計算し，それを確定申告書に記載して税務署へ提出するとともに税金を納付する申告納税制度を採用している。国税庁が作成し税務署や国税庁のホームページで，納税者に案内している「所得税の確定申告書」等のフォームを参照することは，所得税の全体像を理解するために有用である。

納税義務者は自己の所得税額に関する計算を行い，それを確定申告書等に記載して，翌年の2月16日から3月15日までの間に，所轄（国税当局が定めた区域）税務署長に提出し，納税しなければならない。翌年となるのは決算書を作成するまでには，営業上の締切日等の関係で時間を要するためである。ここで，納税者自身が所得金額及び納税額を確定させるところに確定申告の特徴がある。

利子所得，配当所得，給与所得及び退職所得等については，支払をする者がその支払の際に所得税を差引いて，支払者本人に代わって納税する源泉徴収制度を採用している。

給与所得者については，毎月の給料や賞与から源泉徴収された所得税の合計額とその年の納める年税額との過不足額を調整する年末調整が行われる。給与の年収が2,000万円を越える人や2か所以上からの給与所得がある人，他の所得がある人等は，確定申告によって所得税の精算を行うことになる。

②予定納税額

前年分の所得税額が15万円以上あった事業所得，不動産所得，山林所得の納税者については税務署から予定納税の通知があり，前年分の所得税額の3分の1の額を7月及び11月にそれぞれ納税しなければならない。この場合，その年分の年税額が，廃業，休業，業績不振等のため税務署から通知を受けた予定納税基準額より少なくなると見込まれる場合は，予定納税額の減額申請をする事ができる。この予定納税の流れ図を示せば，図表1－4のようになる。

図表1－4　予定納税の流れ

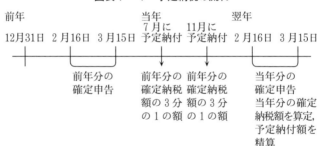

（出所：濱沖1998，64ページ，図表2－18）

（ア）予定納税の会計処理

現金で予定納税をした場合次の仕訳となる。

（借）（事業主貸）　　○○○円　　（貸）（現　　金）　　○○○円

所得税の納付額は必要経費に算入されないため税務当局があらかじめ印刷し納税者に配布する貸借対照表（資産負債調）に記載されている「事業主貸」勘定を使用する処理が一般的である。

（イ）第3期分の税額

第3期分の税額とは，確定申告によって算定され，確定された納付すべき税

額のことをいう。税務署から通知を受けた第1期分と第2期分の予定納税額がある者は，実際に納付したかどうかにかかわらず（債務としては確定している），申告納税額から予定納税額の金額を控除した金額が，第3期分の納める金額である。第3期分の金額がマイナスの場合は還付される金額になる。

（ウ）第3期分の納税をした場合の会計処理

第3期分の納税額を支払った場合，予定納税をした場合の仕訳と同様である。

（エ）延納

確定申告書を申告期限内（原則として3月15日まで）に提出し第3期分の納税額の2分の1以上の金額を3月15日までに納付することにより，その残額を5月31日まで延納することができる。この場合，納税額に対し利子税が付加される。

(2) 個人事業税税務会計

個人事業税税務会計とは，個人の継続的事業体と地方税法（昭和二十五年七月三十一日法律第二百二十六号）の（都）道府県の普通税としての個人に対する事業税との関係で行われる会計をいう。ここでは個人の継続的事業体が行う事業税を個人事業税とし，その会計を個人事業税税務会計とする。

1）個人事業税の納税者

個人事業税を納める者は，第一種事業，第二種事業及び第三種事業を行う個人である（地・72の2）。林業や鉱物の採掘事業には課税されない。

① 第一種事業　物品販売業，運送業，飲食店業等，いわゆる営業に属する事業。
② 第二種事業　畜産業，水産業，薪炭製造業。
③ 第三種事業　医業及び弁護士業等の自由業者。

2）個人事業税の計算

①納付額の計算

個人事業税の計算は，個人の事業に係る前年中の総収入金額から必要経費を控除した所得から，事業主控除等を差引いた金額に税率をかけて税額を算定す

る。利子や配当,譲渡に係る所得については課税されない。

②税率　各事業の標準税率は以下のとおりである。

　（ア）第一種事業　所得の100分の5

　（イ）第二種事業　所得の100分の4

　（ウ）第三種事業　所得の100分の5

　　（第三種事業のうち助産婦,あん摩マッサージ等　所得の100分の3）

③申告・納付

　（ア）申告

納税義務者は前年の所得金額,その他必要な事項を3月15日までに事務所のある（都）道府県の知事に申告しなければならない。ただし,所得税の確定申告書を提出した者は,事業税の申告書を提出する必要がない。これは所得税の申告書を提出した個人企業については,その情報が（都）道府県に送られ,（都）道府県から事業税の納付書が送付されるためである。また（都）道府県民税の申告書を提出した者も事業税の申告書を提出する必要がない。

　（イ）納付

納付は,（都）道府県知事からの納税通知書に記載された税額を8月と11月に分けて（事業税額が一定金額以下の者はいずれか1回）,（都）道府県庁または代理の金融機関等の窓口にそれぞれの月の末日までに納付する。また,一括しての納付も可能である。申告と納付の関係を示せば図表1－5のようになる。

図表1－5　個人事業税課税の仕組み

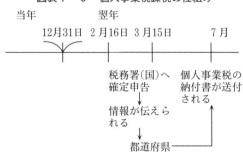

（出所：濵沖1998,181ページ,図表5－2）

④個人事業税の会計処理

　個人事業税の支払いは必要経費に算入される。個人事業税を現金で納付した時の仕訳は事業税勘定又は租税公課勘定を使用し，以下のようになる。

　（借）（事業税）　○○○円　　（貸）（現　金）　○○○円

(3) 個人住民税税務会計

　個人住民税税務会計とは，継続的事業体と地方税法（昭和二十五年七月三十一日法律第二百二十六号）の（都）道府県の普通税としての（都）道府県民税及び（特別区）市町村税の普通税としての（特別区）市町村民税との関係で行われる会計をいう。ここでは個人に対する（都）道府県民税及び（特別区）市町村民税を併せて個人住民税とする。

　個人住民税には，均等割，所得割，利子割，配当割，株式等譲渡所得割がある。

１）納税義務者（地・24，294）

①均等割の納税義務者

　均等割の納税義務者は以下である。

　（ア）（都）道府県民税

　　（都）道府県内に住所を有する個人。（都）道府県内に事務所等を有し，事務所等の所在する（特別区）市町村に住所を有しない個人。

　（イ）（特別区）市町村民税

　　（特別区）市町村に住所を有する個人。（特別区）市町村内に事務所等を有し，事務所等の所在する（特別区）市町村に住所を有しない個人。

②所得割の納税義務者

　所得割の納税義務者は以下である。

　（ア）（都）道府県民税……（都）道府県内に住所を有する個人。

　（イ）（特別区）市町村民税……（特別区）市町村内に住所を有する個人。

③利子割の納税義務者

　利子割の納税義務者は利子等の支払を受ける個人である。

④配当割の納税義務者

配当割の納税義務者は（都）道府県内に住所を有し，一定の配当の支払を受ける個人である。

⑤株式等譲渡所得割の納税義務者

株式等譲渡所得割の納税義務者は（都）道府県内に住所を有し，上場株式等の譲渡の対価の支払を受ける個人である。個人住民税のうち均等割及び所得割を納める義務のある者は，（都）道府県や（特別区）市町村に住所または事務所等を有する者であるが，これを整理すると次のようになる。

（ア）（特別区）市町村内に住所を有する者…均等割額と所得割額の合算額

（イ）（特別区）市町村内に事務所を有し，その（特別区）市町村内に住所を有しない者…均等割額

個人住民税｛（都）道府県民税利子割，配当割及び株式等譲渡所得割を除く｝についての事務手続きは，（特別区）市町村において行われる（賦課課税）。なお，利子割，配当割及び株式等譲渡所得割については，それぞれ特別徴収により徴収されるので，（都）道府県への申告・納付は，特別徴収義務者である金融機関，配当の支払者または証券業者等が行う。

2）税額の計算

所得割及び均等割はいずれも前年の所得が一定以下等の者には課税されない等の措置が取られている（地・24の5, 295）。

①均等割（地・38, 310）

均等割は地域住民が等しく負担する意味合いがある（応益税）。

（ア）（特別区）市町村民税　標準税率は，年額3,000円である（地・310）。

（イ）（都）道府県民税　標準税率は，年額1,000円である（地・38）。

②所得割（地・32～37の2　313～317）

所得割は個人の所得金額に応じて課税される（応能税）。前年中の所得金額を基に（都）道府県民税，（特別区）市町村民税ともに下記の順で計算される（賦課課税）。

（ア）所得金額の計算……「収入金額」－「必要経費等」

（イ）所得控除の計算
（ウ）課税所得金額（課税標準）……（ア）－（イ）＝（ウ）
（エ）税率の適用
（オ）算出税額……（ウ）×（エ）＝（オ）
（カ）税額控除の計算
（キ）定率による税額控除前の所得割額……（オ）－（カ）＝（キ）
（ク）定率による税額控除額の控除
（ケ）所得割額……（キ）－（ク）＝（ケ）

　所得割の基礎となる所得金額の計算は，計算の区分，所得金額の計算等，原則として国税である所得税法に規定するところによって計算される。すなわち，利子所得，配当所得，不動産所得，事業所得，給与所得，退職所得，山林所得，譲渡所得（土地建物等の譲渡所得を除く），雑所得，土地等に係る事業所得，株式等に係る譲渡所得等，先物取引に係る雑所得の計算過程は，所得税の場合と同様に行われる。ただし，いわゆる少額配当所得の課税の取り扱い等に若干の相違点がある。

③所得控除（地・34，314の2）

　所得控除については，所得税法では基礎控除が38万円であるのに対し，住民税では33万円等，所得税法の所得控除とはいくつか異なる点がある。

④納付額の計算

　所得金額から，所得控除額を差引いた額を課税所得金額という。この課税所得金額に税率を乗じて税額を算出する。ここでは，事業所得や不動産所得，給与所得等，一般の所得に対する標準税率を示しておく（土地建物等の譲渡や株式等にかかる譲渡所得等に対する税額については省略する）。標準税率は，（都）道府県民税が4％，（特別区）市町村民税が6％，併せて10％である。課税所得金額に税率をかけた税額から住宅借入金等特別税額控除，配当控除・外国税額控除等を差引いて納付税額を計算する。

⑤申告・納税（地・45の2）

　個人住民税の申告は，その年の1月1日現在の住所がある（特別区）市町村

長に対して3月15日までに行う。ただし，所得税の確定申告書を所轄の税務署長宛に提出している場合や前年が給与所得だけの場合には，その情報が（特別区）市町村へ送られるため，個人住民税の申告は必要ない。

納付は図表1－6に示されるように，（都）道府県民税と（特別区）市町村民税の納付書が個人に送付され，6月，8月，10月及び翌年の1月に分割して納付する。これを普通徴収という。

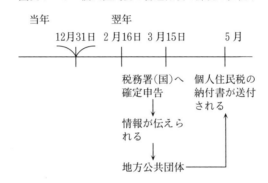

図表1－6　個人住民税の普通徴収の課税の仕組み

（出所：濵沖1998，178ページ，図表5－1）

これに対し，給与所得者については前年分の各人の納付額が給与の支払者に送付され，所得税の源泉徴収と同様に，毎月の給与支払時に住民税額が差引かれる。給与所得者から預かった住民税額は，給与の支払者がまとめて毎翌月納付する。これを特別徴収という。個人住民税は特別徴収を原則としている。

3）個人住民税の会計処理

個人事業者の住民税の支払いは所得税法上の必要経費にはならない。従って個人住民税の納付を事業用の現金で行う場合の仕訳は，事業主貸勘定を使用し以下のようになる。

　　　　　（借）（事業主貸）　　〇〇〇円　　（貸）（現　　金）　　〇〇〇円

3．法人収得税税務会計

(1) 法人税税務会計

　法人税税務会計とは，法人と法人税法（昭和四十年三月三十一日法律第三十四号）との関係で行われる会計をいう。
　1）法人課税の基本
①法人実在説
　法人実在説は，法人は個人とは完全に独立して実在し，法人自体に経済取引を行う権利・義務能力があるとするものである。法人実在説では法人の所得に課税しても法人は支払能力を有しているとされる。そして課税後の所得を配当するならば，株主が得た配当所得にも課税されることになる。
②法人擬制説
　これに対して法人擬制説は，法人は法律によって擬制的に人格を付与されたにすぎないとするものである。そして法人は経済取引の主体となるが，経済取引の実質は株主等であると考える。法人擬制説によると法人の所得は結果として株主等である個人に帰属するので，法人の所得には課税されることはなく，所得が配当として個人に渡った時に個人所得税を課税すればよいことになる。
　わが国の法人税の考え方はこの法人擬制説に近いものである。法人税の法人所得に課税する考え方は，個人の株主に対する個人所得税の一部前払い（前受け）として法人税を捉えているところにある。従って，法人税の税率は，原則的には，一律（比例）税率である。
　課税後，その所得が配当として個人株主に渡り，そこで再び課税されると二重課税となるので，この二重課税を排除するために，法人税法では受取配当金の益金不参入が，そして所得税法で「配当控除」の制度が設けられている。この配当控除は，前払い（前受け）された法人税額及び所得税額を調整するためのものである。

③法人の種類

法人税は法人の所得を課税標準として課税するものであるが，納税義務者との関係で法人を内国法人と外国法人に区分している。

（ア）内国法人

内国法人とは，国内に本店または主たる事務所を有する法人をいう。内国法人はさらに，ア）公共法人，イ）公益法人等，ウ）人格のない社団等，エ）協同組合等，オ）普通法人に分かれる。

ア）公共法人

公共法人とは，公共の利益の為に政府が出資している企業体をいう。公共法人には，都市基盤整備公団，日本放送協会等がある。

イ）公益法人等

公益法人等とは，利益または残余財産を分配する特定の出資者等が原則として存在せず，しかもその活動が社会公共の利益を目的とする公益事業である法人をいう。公益法人には，日本赤十字社，商工会議所，商工会，学校法人，宗教法人，社会福祉法人，財団法人，社団法人等がある。

ウ）人格のない社団等

人格のない社団等とは，法人としての手続きをしていないため法律上の法人ではないが，代表者または管理者の定めがある団体をいう。法人税法上このような団体は，法人とみなされる。これには，同窓会，労働組合，PTA等がある。

エ）協同組合等

協同組合等とは，その組合員は自己で事業を営み，組合は組合員の事業活動に便宜を与えるための活動を行い，一般の公益を追及しない団体をいう。これには，農業協同組合，漁業協同組合，信用金庫，信用組合，労働金庫等がある。

オ）普通法人

普通法人とは，株式会社，合同会社，合名会社，合資会社等で，上

のア）からエ）以外の法人をいう。
　（イ）外国法人
　外国法人とは，内国法人以外の法人をいう。外国法人は，公共法人・公益法人等・人格のない社団・普通法人等に区分される。
④法人の分類と課税所得
　次に，上で分類した区分で法人税が課税されるか，否かについてみていく。
　（ア）内国法人
　内国法人については，以下のとおりである。
　　ア）公共法人については課税されない。
　　イ）公益法人等と人格のない社団等については，収益事業によって所得を得た場合は課税される。
　　ウ）協同組合等と普通法人については，すべての所得に対して課税される。
　（イ）外国法人
　外国法人については国内に源泉がある所得についてのみ課税される。
⑤課税所得の種類
　内国法人における法人税の課税対象となる所得には以下があり，それぞれの所得に対して法人税が課せられる。
　（ア）各事業年度（法令または法人の定款等で定める営業年度等）の所得。
　（イ）退職年金等積立金。
　２）法人税の所得金額
　法人企業が行う法人所得金額算定の仕組みの概略を示せば，図表１－７のようになる。
①企業会計
　この図の一番下に，会計公準がある。これは会計が依拠している基本的な諸仮定をいう。企業が行う取引の会計上の考え方を示したものが企業会計原則である（「企業会計原則の設定について」・二）。また企業会計基準，中小企業の会計に関する指針，いわゆる中小要領も企業会計に含まれると理解される。

図表1-7　法人企業が行う法人所得金額算定の仕組みの概略

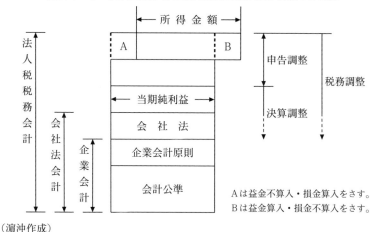

（濵沖作成）

②会社法会計

　会社法は会社に対し会社計算書類規則で会計処理を規定している。この会社法の会計に関する規定に従い会計処理を行うことを会社法会計という。

③法人税税務会計

　法人税法との関係で行われる会計のことを法人税税務会計という。企業会計及び会社法会計では，収益から費用（原価・損失を含む）を差引いて利益が算定されるのに対し，法人税税務会計では益金から損金を差引いて所得金額が算定される（法・22①）。会社法と法人税の目的が異なるため当期純利益と所得金額の額は必ずしも同じではない。

④確定決算主義

　会社法会計に基づいて算定された当期純利益金額または当期純損失金額が株主総会等で承認されることになる。わが国の法人税法は，継続的事業体の会計及び会社法に基づき算定され，株主総会等で承認された当期純利益金額または当期純損失金額を法人所得金額算定のための基礎としている。このことを確定決算主義という。

⑤税務調整

　当期純利益または当期純損失の額に調整を加えて課税標準である所得金額を算定する仕組みとしている。この調整のことを「税務調整」という。税務調整とは会計上の収益，費用とされるものであっても税法上の「益金」，「損金」としない項目があり，逆に会計上の収益，費用に該当しない項目であっても税法上の「益金」，「損金」とする項目があるために，当期純利益または損失金額に加算または減算して所得金額を算定することをいう。これらの加算または減算項目には，「益金算入」，「益金不算入」，「損金算入」，「損金不算入」がある。

　「益金算入」とは，会計上は収益でなくても法人税法上の課税所得の計算では益金とする項目をいう。これにより課税所得は増加する。

　「益金不算入」とは，会計上は収益で処理されていても法人税の課税所得の計算の上では益金としない項目をいう。これには受取配当金等がある。これにより課税所得は減少する。

　「損金算入」とは，会計上は費用で処理されていなくても法人税の課税所得の計算の上では損金とする項目のことをいう。これにより課税所得は減少する。

　「損金不算入」とは，会計上は費用で処理されていても法人税の課税所得の計算の上では損金としない項目をいう。これにより課税所得は増加する。

　また，法人税法は会計上の収益及び費用の処理と異なる益金及び損金の取扱いを「別段の定め」として規定している（法・22②③）。

　税務調整には決算調整と申告調整がある。

（ア）決算調整

　決算調整は決算手続きの中で行われる。これは法人税額の算定を念頭において損金の額に算入するために企業会計上の費用として処理することをいう。

（イ）申告調整

　申告調整は，法人の帳簿記録はそのままにしておいて，法人が確定したその事業年度の当期純利益または損失金額に対し，納税申告書で調整する。実際には，この申告調整は法人税申告書の別表で行われる。

3）益金（法・22②）

　益金とは，法人の純資産の増加となる事実で，「資本等取引」以外のものをいう。この場合の「資本等取引」とは，法人の資本等の金額の増加または減少を生ずる取引及び利益または剰余金の処分を指す。益金の額に算入すべき金額は，別段の定めにあるものを除き，その事業年度の次に掲げるものとなる（法・22②）。

- 資産の販売
- 有償または無償による資産の譲渡
- 有償または無償による役務の提供
- 無償による資産の譲受
- その他の取引で資本等取引以外のもの

　無償または低額の資産の譲渡や役務の提供による場合は，その資産の時価による譲渡または通常の役務提供の額が益金とされる。

　　＊益金は権利確定主義が採用されている。

次に，益金のうち主要なものをみていくことにする。

①商品売上

　商品売買取引から生ずる収益はその商品を顧客に引渡した時点でその事業年度の益金となる。売上返品や売上値引は，売上金額から差引く。商品の引渡しの基準はその企業の状況に最も適した基準で認識するが，いったん採用した基準は継続して適用することが必要になる。この基準には出荷基準（商品を顧客に出荷した時点で計上する）や検収基準（商品を受取った先が商品を検収した時点で計上する）等がある。

②受取手数料

　受取手数料（商品売買における仲介手数料等）は，その事業年度の益金の額に算入する。この場合，その事業年度に受取るべき権利が確定したものであれば対価が未収であっても益金の額に含める。

③受取利息

　受取利息（銀行貯金や貸付金等に対するもの）は，その事業年度の益金の額に

算入される。この場合も受取るべき金額が確定したものが益金となる。
④ 受取配当金
　企業会計においては，配当金を受取った場合に収益に計上される。しかし，法人税法上においては，理論的には原則として益金には計上されない。これを受取配当金の益金不算入という。これは企業の所得にいったん法人税が課税され，その残高を配当等に回しているため，配当を受取った企業の益金とすると二重課税となるためである。つまり，二重課税を避けるために受取配当金を益金としないのである。
⑤有価証券売却益
　保有する株式や社債等の有価証券を売却したときに生じる有価証券売却益はその売却した事業年度の益金の額に算入する。
⑥仕入割引・仕入割戻し
　法人が仕入先から受取る仕入割引（買掛金を支払期日前に支払う場合に受ける割引）と仕入割戻し（一定期間に一定額以上の仕入をしたことに対して受取る仕入代金の払戻）は，その事業年度の益金の額に算入する。
⑦固定資産売却益
　法人が保有する固定資産（備品や車両）を売却したときに生じる固定資産売却益は，その事業年度の益金の額に算入する。
⑧受贈益・債務免除益
　取引先等からの受贈益（金銭や物品の贈与等による利益）と債務免除益（自己の企業の財政状態が悪化した等の理由によって，債権者から債務の免除を受けることによる利益）は，その事業年度の益金に算入する。

　4）損金（法・22③）

　損金の額とは，法人の純資産の減少をもたらす事実のことで，資本等取引以外のものをいう。損金の額は別段の定めにあるものを除き，以下のものを指す（法・22③）。

・その事業年度に販売した商品，製品等の売上原価，工事原価の額
・その事業年度の販売費，一般管理費その他の費用の額

・その事業年度の災害等による損失の額
　＊損金は債務確定主義が採用されている。
次に，損金のうち主要なものをみていく。
①売上原価
　売上原価はその事業年度の損金の額となる。期末商品棚卸高の金額の算定にあたって，商品の単価を決定する方法の一つとして，所得税法の場合と同様に最終仕入原価法が認められている。
②役員給与
　役員に対して支払う給与で退職給与，使用人兼務役員の使用人として支給される部分を除いて，定期同額給与（支給時期が1か月以下の一定の期間ごとの給与で支給額が同額であるもの）と所定の時期に確定額を支給する給与（事前に税務署長に届出が必要），さらに，非同族会社で利益連動給与を支給する場合で有価証券報告書に記載されている等所定の条件を満たしている場合は損金に算入できる。しかし，不相当に高額な部分については算入できない（法・34②）。また，同族会社で利益連動給与を支給する場合は，損金に算入できない（法・34①）。
③従業員に対する給料・賞与
　従業員に対して支払う給料や賞与等の給与は損金の額に算入できる。ただし企業の役員の親族に対して支給する過大な給与については損金の額に算入されない。
④交際費等
　法人税法上の交際費等とは，法人が，その得意先，仕入先，その他事業に関係のある者に対する接待，供応，贈答，その他これらに類する行為のために支出するものをいう。
　法人等が，その事業を遂行するうえで必要な経費として，交際費，接待費，機密費等があるが，法人が選択した名目（勘定科目名）に関係なく，法人税法上の交際費となることには注意が必要である。
　法人が支出する交際費は，限度額しか損金の額に算入できない。これは，交際費を損金とすれば，歯止めのない額が社外へ流出し，結果として企業の資本

の蓄積ができなくなる，また交際費としての消費内容に対する強い社会的批判があるためとされる。また，限度額が設けられるのは，時の政府による経済財政政策によるためである。

図表1－8に示すように，支出した交際費の一部を損金として認めている。

図表1－8　交際費の損金算入

期末資本金の額	損金算入の扱い
1億円超	飲食費の50％について損金に算入できる
1億円以下	定額控除限度額と飲食費（1人当り5,000円以下のものを除く）の50％のいずれか多い金額が損金算入できる 定額控除限度額：800万円とその事業年度における交際費等の額のいずれか小さい金額にその事業年度の日数を乗じて，これを12で除して計算した金額をいう

なお，飲食その他これに類する行為のために要する費用として支出する金額を当該費用に係る飲食その他これに類する行為に参加した者の数で除して計算した金額が5,000円以下の場合，交際費の範囲から除外され，損金に参入される（措令・37の5）。この場合，当該飲食等のあった年月日，参加した得意先，仕入先その他事業に関係のある者等の氏名または名称及びその関係，参加者数等を記載した書類の保存が必要になる（措規・21の18の4）。

⑤寄付金

法人税法上の寄付金とは，法人が金銭その他の資産または経済的な利益の贈与または無償の供与をしたことをいい，寄付金，拠出金，見舞金等の名目（勘定科目）にはとらわれない。法人が支出した寄付金を無制限に損金算入とすると課税逃れに利用されるため，一定の限度内の損金算入を認めている。

⑥減価償却費

減価償却費は，債務確定主義の考え方からすれば損金にならないが，法人税法の規定に従って算定される減価償却費は損金とされている。

（ア）減価償却の意義

減価償却とは，建物，建物付属設備，機械装置，備品，車両運搬具等の減価

償却資産の取得原価を，その使用年数に応じた各年の費用として割当てる手続のことをいう。そして，各年の費用として割当てられた額を減価償却費という。これは期間ごとの収益と費用を適正に対応させようとする会計学上の考え方（コストアロケーション：費用配分論）によるものである。

　（イ）減価償却資産の範囲

　減価償却資産はその性質の違いによって，ア）有形減価償却資産，イ）無形減価償却資産及びウ）生物に分類される。

　　ア）有形減価償却資産には，建物，構築物，機械装置，船舶，航空機，車両運搬具，工具，器具備品がある。

　　イ）無形減価償却資産には，鉱業権，特許権，実用新案権，意匠権，商標権等がある。

　　ウ）生物には，牛，馬，豚，かんきつ樹・りんご樹・茶樹等がある。

　（ウ）減価償却資産の取得原価

　減価償却資産の取得には次のような場合があり，それぞれの取得原価を算定する。

　　ア）購入の場合の取得原価は，その資産の購入代価に支払手数料，引取費用，運送保険料等の付随費用と，その資産を使用するまでに直接かかった費用を加算した額となる。

　　イ）自己製造の場合の取得原価は，材料費，労務費，経費等の合計額である。

　　ウ）生物等の取得原価は，その資産の購入代価に種付費，種苗費，育成費を加算した額である。

　　エ）交換や贈与の取得原価は，取得時の時価の額である。

　（エ）減価償却資産の残存価額

　残存価額とは，その減価償却資産の耐用年数が経過したときの見積価額のことをいう。これは法人で自由に見積持って構わないが，法人税の税額を算定する時には，法人税法の規定にあてはめる。法人税法が規定する残存価額のことを「法定残存価額」という。「法定残存価額」は次のように定められている。

ア）有形減価償却資産の残存価額は0円である。ただし，有形減価償却資産は残存帳簿価額として1円を計上することになる（法令・61①二イ）。これは当該資産を所有していることを示す備忘のためである。

イ）無形減価償却資産と鉱山の坑道は0円である。

ウ）生物は，0円である。

（オ）減価償却資産の耐用年数

耐用年数とは，その減価償却資産の使用見積年数のことをいう。これは法人等で自由に見積って構わないが，法人税の税額を算定するときには資産の種類や構造，用途等に応じて区分されている大蔵省令「減価償却資産の耐用年数等に関する省令」（これが定める耐用年数を，「法定耐用年数」という）に従って適用する。

$$\text{定額法による減価償却の限度額} = (\text{取得価額} - \text{残存価額}) \times \text{定額法による償却率}$$

$$\times \frac{\text{その事業の用に供した月数}}{\text{その事業年度の月数}}$$

（カ）減価償却の方法

減価償却の方法には，定額法・定率法・生産高比例法等がある。ここでは定額法と定率法について述べる。

ア）定額法

$$\text{定額法による減価償却の限度額} = \frac{\text{期首帳簿価額}}{(\text{取得原価} - \text{減価償却累計額})} \times \text{定額法による償却率}$$

$$\times \frac{\text{その事業の用に供した月数}}{\text{その事業年度の月数}}$$

定額法による減価償却費の限度額は，次の計算で求める。

　ここで，減価償却高の限度額とは，法人税法上認められる減価償却費の計上限度額のことをいう。

イ）定率法

定率法による減価償却費の限度額は次の計算で求める。

(キ) 減価償却方法の選択

減価償却方法については，法人等の届出によって選択できるものと，あらかじめ法が定めているものがある。届出によって選択できるものについて，法人が届出なかった場合は償却方法が指定されている。

(ク) 特別償却と割増償却

上で述べた減価償却は，一般に「普通償却」といわれる。これとは別に，政策によって特別の償却が認められるものがある。これには中小企業の機械に対する「特別償却」や優良賃貸住宅に対する「割増償却」等がある。

⑦租税公課

法人が納付する租税公課等には様々なものがあるが，法人税法では損金に算入できるものとできないものとに分かれる。

(ア) 損金算入できる租税公課

固定資産税，自動車税，法人の確定申告期限の延長や延滞が認められる期間に要する利子及び地方税の延滞金のうち住民税や事業税の徴収猶予や納期限の延納期間に係る利子に相当するもの，消費税，地方消費税，印紙税，商工会議所の会費等は損金の額に算入できる。

(イ) 損金算入できない租税公課

法人税，事業税，国税に係る延滞税・過少申告加算税・無申告加算税・無納付加算税・重加算税等，(都)道府県民税及び(特別区)市町村民税，地方税に係る延滞税・過少申告加算税・無申告加算税・重加算税等，罰金，科料，過料，交通反則金，法人税額から控除される源泉徴収所得税額及び外国法人税額は損金の額に算入できない。

⑧貸倒損失及び債権償却特別勘定

(ア) 貸倒れと貸倒損失

貸倒れとは，貸金等（売掛金，貸付金，その他債権）が得意先等の倒産により回収できなくなることをいう。この貸倒れによる損失を貸倒損失といい，損金の額に算入できる。

(イ) 回収不能の事実と貸倒損失の金額

この貸倒損失を損金の額に算入するにあたり，「一定の回収不能の事実」が生じたときにのみ損金に認められる。一定の回収不能の事実には，次の3つがある。

　ア) 法律的に債権が消滅するとき。これには，会社更生法等の法律上の手続によるものや，債権者会議による決定等がある。
　イ) 法律的に債権が消滅する事実がない場合には，その全額の回収不能が明らかになったとき。すなわち，債務者の資産状況，支払能力等からみて資金等の全額の回収不能が明らかになったとき，それが明らかになった事業年度において損金経理により損金の額に算入できる。
　ウ) 売掛金や受取手形等の売掛債権については1年以上取引を停止したとき，ただし損金経理が条件である。

(ウ) 債権償却特別勘定

上記のように，法人税法における貸倒れの，損金の額に算入するための条件はかなり厳しいものとなっている。しかし，貸倒償却の計上を待たず一定の要件が整えば，「債権償却特別勘定」を設定し，その繰入額を損金処理すれば損金の額に算入することができる。

債権償却特別勘定の要件には，

ア) 税務署長に申請して認定を受けること，または，イ) 形式基準を満たすことがある。

　ア) 税務署長に申請して認定を受けること
　　　債務者が相当期間債務超過の状態で，事業の好転が認められない場合や，天災，事故等により甚大な被害を受けていることによって，債権回収の見込みがないと認められる場合には，税務署長に申請し，認定を受けた事業年度に損金経理することによって債権償却特別勘定を設定することができる。
　イ) 形式基準を満たすもの
　　　次の形式基準を満たしていれば，貸金等（同一人に債権と債務がある場

合は，債権または債務のいずれか少ない額を実質的に債権とみられない額として貸金等の金額から差引く）の50％以内の金額を損金経理により債権償却特別勘定に計上することができる。これには，ⅰ．破産の申立てがあったとき，ⅱ．更正手続の開始の申立てがあったとき，ⅲ．手形交換所において取引の停止処分があったとき等がある。

⑨圧縮記帳

　法人等が受取る補助金等（国からの補助金や火災により受取った保険金等）を益金とすれば，課税の対象になる。従って，結果的に課税後の補助金等で資産を購入することになり，新たな資産の購入資金に不足をきたすことになる。これでは本来の補助金等の目的は果たせない。

　そこで法人税法では，補助金等で購入した新資産の取得価額を減額して，その減額分を損金の額に算入する制度を採用している。これを「圧縮記帳」という。固定資産を「圧縮記帳」すると，本来の固定資産の取得価額よりも低い価額がその固定資産の取得価額となる。これを毎決算期に減価償却すると，本来の固定資産を減価償却するときよりも低い減価償却費が計上されていく。従って，本来の固定資産を減価償却するときよりも，減価償却を行う間，所得金額が増加していくことになる。つまり，「圧縮記帳」により，一時的に課税されなかった所得金額を，固定資産の耐用年数期間にわたる減価償却を通じて加算することになる。この意味で圧縮記帳は課税の免税ではなく，課税の繰延べの制度である。

　圧縮記帳が認められる固定資産には次のものがある。

（ア）国庫補助金等で取得した固定資産の圧縮記帳

　国庫補助金等（国や地方公共団体からの補助金や助成金）を受取り，その目的に合った固定資産を取得したり，その目的に合った固定資産の改良を行い，期末までにその返還を必要としない場合について，「国庫補助金収入」または，「雑益」等で処理して益金の額に算入するとともに，圧縮記帳できる金額を損金経理して損金の額に算入する。この場合の損金算入限度額は，固定資産の取得にあてた国庫補助金等の額の範囲内に限られる。

（イ）保険金で取得した固定資産の圧縮記帳

建物や機械装置等が火災等により損害を受け，固定資産の帳簿価額よりも多い保険金を受取った場合，受取った保険金の金額から固定資産の帳簿価額と片付けに要した費用とを控除した額を保険差益勘定で処理し，益金の額に算入する。後日受取った保険金を使って代替の固定資産を取得した場合に，一定の金額を圧縮記帳により損金の額に算入することができる。

（ウ）交換により取得した固定資産の圧縮記帳

固定資産の交換は譲渡の一形態と考えられ，交際差益（帳簿価額と時価との差額）は譲渡益となる。しかし同じ種類，同じ用途の固定資産の交換で現金収支を伴わずに行う場合，譲渡益として課税することをせずに，圧縮記帳により交換差益を限度額として損金の額に算入できる。

⑩引当金等

企業会計が発生主義の考え方を採用しているから，引当金の計上は企業会計にとっては重要なものとなる。しかし，法人税法における損金は債務確定主義の考え方であるから，原則として将来発生する費用を見越し計上することはできない。従って，この考え方の下では引当金を設けることはできない。しかし，貸倒引当金，返品調整引当金の2つについて損金算入を認めている（法・52, 53）。また，補助金については租税特別措置法において各種のものが損金算入を認めている。

⑪欠損金の繰越控除

5）欠損金の繰越控除とは

欠損金とは，損金の額が益金の額を超えることをいう。欠損金が生じたときには，他の期間の所得と相殺して課税する欠損金の繰越控除の制度が設けられている。

6）欠損金の繰越控除と青色申告

欠損金の生じた事業年度に青色申告書を提出しており，以降，連続して確定申告書を提出していれば，法人の当期開始前7年以内の欠損金を各事業年度に生じた欠損金とすることができる。なお大法人については欠損金の80％相当額

を当期の損金の額に算入できる。

　7）公正処理基準（法・22④）

　法人税法第22条第4項は，収益の額及び損金の額は，別段の定めのあるものを除き，「一般に公正妥当と認めれれる会計処理の基準に従って算定されるものとする。」と規定している。このことを，一般に公正処理基準という。ここでの「一般に公正妥当と認めれれる会計の基準」は，会計あるいは会計学の処理を基準とすることを意味しているとされる。

　8）法人税額の計算

①所得金額の算定

　これまで，益金と損金についてみた。これらは益金から損金を差引いて所得金額を算定するためのものである（法・22①）。しかし，事業年度内の日々の取引において，法人は益金あるいは損金の処理をすべての項目について，必ずしも判断しているわけではない。法人は日々の取引では企業を含む継続事業体としての会計処理を行い，会計帳簿に記録し，会社法の規定等に従った財務諸表を作成し，当期純利益金額（または当期純損失金額）を算定する。

　そこで，決算に際し，企業会計上のすべての勘定科目の内容をチェックして，法人税法上の益金及び損金項目を見出す作業が必要となる。企業会計上の判断とは別に法人税法上の益金及び損金を適正に処理するためである。また，法人税法が損金として認める要件として決算時に費用処理することが求められる項目もある，すなわち損金経理をおこなっていることが損金算入の条件となっているものもある。

　税務申告書を作成するにあたり，法人が行った企業会計の処理と結果（当期純利益金額または当期純損失金額）に基づいて，益金と損金，そして所得金額を確定する。これは，法人税申告書の「別表四」（「所得の金額の計算に関する明細書」）で行う（申告調整）。「別表四」での計算は，大きく次のようにされる。

　　当期純利益＋加算項目（益金算入項目・損金不算入項目）

　　　　　　　　－減算項目（損金算入項目・益金不算入項目）＝所得金額

　加算項目と減算項目には，次のようなものがある。

（ア）加算項目

　ア）損金の額に算入した法人税額

　イ）損金の額に算入した（都）道府県民税額及び（特別区）市町村民税額

　ウ）損金の額に算入した（都）道府県民税の利子割

　エ）損金の額に算入した納税充当金の額

　オ）減価償却の償却限度超過額

　カ）貸倒引当金の繰入限度超過額

　キ）交際費等の損金不算入額

　ク）過大な役員給与

　ケ）過大な役員退職給与額

　コ）寄付金損金不算入額

　サ）法人税額から控除される所得税額

（イ）減算項目

　ア）前期までの減価償却超過額の累積額の当期容認額

　イ）納税充当金から支出した前期分事業税額等

　ウ）受取配当等の益金不算入額

　エ）法人税等の中間納付額及び過誤納に係る還付金額

　オ）所得税額及び欠損金の繰戻しによる還付金額等

　カ）前期貸倒引当金繰入超過額の当期容認額

「別表四」の仕組みの概略を示せば，図表1－9のようになる。

所得金額が算定されると，次の算式の流れに従って，納付すべき税額が算定

図表1－9　「別表四」の仕組みの概略

摘要	金額
当期純利益	
（加算項目）	
（減算項目）	
所得金額	

される。

　　所得金額×税率＝法人税額

　法人税額－税額控除－中間申告分の法人税額＝納付すべき法人税額
この計算は「別表一」によってなされる。

②税率

　法人税の税率は，基本的に比例税率による。比例税率とは，所得金額がいくらであっても，常に一定の率を掛けて税額を算定することをいう。しかし政策的な配慮により，法人の規模や分類に応じて次の税率が適用される。

　（ア）資本金１億円を超える法人（大法人）の所得金額に対しては……25.5％

　（イ）資本金１億円以下の法人（中小法人）の所得金額が，

　　　　　　　　800万円以下の金額に対しては………19％

　　　　　　　　800万円を超える金額に対しては……25.5％

　上記の（イ）で，所得金額が1,000万円の場合，図表１－10で示す税額になる。

　　　図表１－10　資本金が１億円以下の法人の所得金額が1,000万円に対する税額

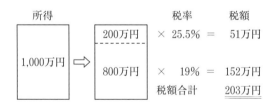

（出所：濱沖1998，182ページ，図表３－６）

③同族会社の特別税率

　同族会社とは，３人以下の株主グループが，その会社の発行済株式の50％を超えて所有する会社のことをいう。同族会社においては，その利益を株主に配当として分配せずに社内に留保することが考えられる。この場合，利益に基づき配当が行われる一般的な会社の所得税額と比べ，意図的な操作がされたことになり，課税の公平の観点からは疑問となる。そこで同族会社の社内留保に対して特別の高い税率を適用している。留保金課税では，一定限度額を超えて留

保した所得金額（課税留保所得金額という）に対して，特別税率による課税が行われる。

④税額控除

法人税額から控除するものに，税額控除がある。税額控除には，法人が支出した所得税額や外国税額等がある。

9）申告と納税

①確定申告

確定申告とは，事業年度が終了し，その終了の日の翌日から2か月以内に，確定した決算に基づいて確定申告書を作成し，併せて貸借対照表，損益計算書，株主資本等変動計算書，勘定科目内訳明細書等の書類を所轄税務署長あてに提出することをいう。

②中間申告

事業年度が6か月を超える法人は，事業年度開始の日以後6か月を経過した日の翌日から2か月以内に中間申告と税額の納付をしなければならない。

中間申告には，（ア）前期の実績によるものと（イ）仮決算によるものとがある。

（ア）前期の実績による中間申告

これは前期の納税実績を基にして予定申告納付する方法で，納付額は，次の算式により求められる。

$$予定申告納付額 = 前期分の法人税額 \times \frac{6}{前期の月数}$$

（イ）仮決算による中間申告

これは，事業年度の開始の日以後6か月の期間を1事業年度とみなして仮決算を行い，これに基づいて申告納税額を計算して納付することをいう。

③法人税額納付の会計処理

法人税額を中間納付した時の仕訳は，つぎのようになる（中間法人税額を¥360,000とした場合）。

　　（借）（仮 払 法 人 税）　360,000　　（貸）（現　　　　金）　360,000

その事業年度の法人税額が確定したときの仕訳は，つぎのようになる（確定

法人税額を¥900,000とした場合）。

　　　（借）（法　人　税）　900,000　　（貸）（未払法人税等）　900,000
　　　（借）（未払法人税等）　360,000　　（貸）（仮 払 法 人 税）　360,000

　確定申告で未払いとなった法人税を，小切手を振り出して納付したときの仕訳は，つぎのようになる。

　　　（借）（未払法人税等）　540,000　　（貸）（当 座 預 金）　540,000

　法人税の支払いは損金に算入されないため，上記のように（法人税等）の勘定科目を使用し，他の費用と区別する。また，損益計算書の計上場所は税引前当期純利益の次に法人税等の勘定科目名を表記し，税引前当期純利益からの控除項目となる。なお，法人税等の勘定科目の内訳は，法人税・住民税・事業税である。

④期限後申告

　期限後申告とは，法定申告期限が過ぎて申告書の申告をすることをいう。この場合，納付税額に対しての延滞税及び加算税がかかる。

⑤修正申告

　修正申告とは，期限内に申告をした申告書に誤りがあるために，法人自らの判断で提出する申告書のことをいうが，確定申告した税額に不足額があったり，欠損金額が多すぎたり，還付金額が多すぎた場合のことをいう。つまり，追加納税のための申告のことをいう。この場合，追加納税額に対して過少申告加算税がかかる。

⑥更正の請求

　更正の請求とは，確定申告で法人の計算した課税標準額または税額が過大であった場合等に，法人税額の還付を受けるために行う請求のことをいう。この場合，課税当局（税務署）は厳格なチェックを行うため，認められるまで，通常数か月は要する。それは，一旦法人自らの判断で課税所得を確定させた意味合いは重いため，自らの確定後の納税額の減額請求に対しては慎重に対応しているものと推察される。

10）連結納税制度
①連結納税制度創設の背景

わが国の法人税法では，従来，独立した個々の法人ごとに申告及び納付をする単体納税制度を採用していた。しかし，1990年代頃から，経営の多角化及び国際化によって，子会社及び関連会社を活用した一体的なグループ経営が進展することとなった。これにともなって，平成9年12月の独占禁止法の改正における純粋持株会社の解禁及び平成11年10月の商法改正における株式交換制度の創設によって，柔軟な組織再編を可能とする法的整備が早急に進められた。

そして，平成14年度の税制改正において連結納税制度は創設された。連結納税制度は，企業グループの一体性に着目して，企業グループ内の個々の法人の所得と欠損を通算して所得を計算する等，企業グループをあたかも一つの法人であるかのように捉えて法人税を課税する仕組みである。連結納税制度の導入は，企業の事業部門が100％子会社として分社化された企業グループまたは純粋持株会社に所有される企業グループのように，一体性をもって経営される企業グループは，実質的に一つの法人とみなして企業グループ全体を一つの納税単位として課税するほうが実態に即した適正な課税が実現するという理由からであった。そして，この連結納税制度の導入が，組織再編成の促進，国際競争力の維持及び強化というように経済の構造改革に資することになると考えられていた。

②連結納税制度の概要

上述したように，連結納税制度は，企業グループの一体性に着目して，企業グループ内の個々の法人の所得と欠損を通算して所得を計算する等，企業グループをあたかも一つの法人であるかのように捉えて法人税を課税する仕組みである。

（ア）適用対象

連結納税制度の適用は選択制になる。一度，選択した場合，原則として継続適用となる。また，連結納税制度を取止めた場合，その取止め等から5年を経過しなければ，再度連結納税制度を選択することは出来ない。そして，連結グ

ループ法人における連結親法人とその連結親法人による完全支配関係にあるすべての連結子法人が適用対象となる。したがって，完全支配関係にある一部の連結子法人を恣意的に連結納税制度から除外することはできない。

　（イ）申告及び納税

　法人税の申告及び納付は，連結親法人が連結グループ法人全体の所得を一つの申告書に記載して行い，連結子法人は連結親法人が納付すべき連結法人税額に対して連帯納付責任を負うことになる。

　（ウ）所得通算

　単体納税制度と比較して，連結法人間での所得と欠損を通算することによって，連結グループ法人全体での税負担が軽減されることになる。ただし，この所得通算は，法人税の課税所得計算についてのみ容認されており，住民税及び事業税については容認されておらず，これらは単体納税制度の場合と同様の取扱いになる。

　（エ）連結子法人の欠損金持込み制限

　原則として，連結親法人の繰越欠損金のみが引継がれて，連結子法人の繰越欠損金は連結納税制度を選択適用する時点で切捨てられ連結子法人の欠損金には持込み制限がかけられていた。これは欠損法人を利用した租税回避の防止に対して設けられた制限であった。しかし，この制限が連結納税制度の適用において連結グループ法人全体の税負担を増加させるという要因から適用時の障害となっていた。しかし，平成22年度の税制改正において一部見直しが行われ，特定連結子法人の欠損金は持込むことが可能となった。

③連結納税制度とグループ法人税制

　平成22年度の税制改正において「資本に関する取引等に係る税制」の見直しがなされ，グループ法人税制が創設された。グループ法人税制は，連結納税制度と同様に，企業グループの一体的運営が進展している状況を踏まえて実態に即した課税を実現することを目的としている。連結グループ法人を対象とした税制として連結納税制度があるが，連結納税制度はグループ法人税制の一部ということになる。

連結納税制度の適用以外のものについては，所得通算を前提としていないことから，グループ法人単体税制といわれている。そして，グループ法人税制では，資本金の大小には関係なく，完全支配関係のみを対象としている。したがって，完全支配関係のある法人に対しては強制適用されることになる。

グループ法人税制では，完全支配関係にある連結グループ法人の一体性に着目して課税を行うという考え方から，完全支配関係にある法人間の一定の資産の譲渡に係る譲渡損益の繰延，100％グループ内の内国法人からの受取配当の取扱い，100％グループ法人間の寄附金の取扱い等が強制的に適用されることになった。

このように，グループ法人税制において強制適用がなされることになった理由には，連結納税制度が選択適用であったため恣意性が介入する可能性が高かったことから租税回避防止のためとされている。

(2) 法人事業税税務会計

法人事業税税務会計とは，法人と地方税法（昭和二十五年七月三十一日法律第二百二十六号）の（都）道府県の普通税としての事業税との関係で行われる会計をいう。法人事業税は，事業を行う法人の事務所または事業所所在の（都）道府県が課す。これは，法人が行う事業そのものに課す税であり，法人がその事業活動を行うに当たって（都）道府県の各種の行政サービスの提供を受けていることから，これに必要な経費を分担すべきであるという考え方に基づいている。

1）納税義務者（地・72の2①）

納税義務者は国内で事業を営む法人である。法人事業税の課税要件は，①法人が事業を行っていること，②その行っている事業が課税事業に該当すること，③その課税事業が行われる事務所または事業所が所在することの3要件である。2以上の（都）道府県に事務所または事業所を設けて事業を行う法人は，課税標準額を一定の分割基準によって関係（都）道府県に分割し課税権の調整を図っている。また，一定の事業または所得については非課税制度が設けられている。

2）税額の計算（地・72の24の7）

　法人の営む事業の種類によって異なるが，法人事業税の収入割及び所得割は各事業年度の収入金額または所得金額に標準税率を乗じて計算する。収入割及び所得割の税率は，標準税率が定められており，（都）道府県はこれを基準にして当該（都）道府県の議会で税率を定めることとなる。収入割及び所得割の標準税率を図表1－11で示す。

図表1－11　収入割及び所得割の標準税率

区分	法人の種類	税額
収入金額によって課税される法人	電気供給業，ガス供給業，生命保険事業，損害保険事業	各事業年度の収入金額×標準税率（0.7％）
所得金額によって課税される法人	上記以外の法人	各事業年度の所得金額×標準税率（2.7～5.3％）

　なお，標準税率を超える税率で事業税を課する場合の制限税率は，標準税率の1.2倍である。

3）外形標準課税

　資本の金額または出資金額が1億円を超える法人には事業活動の規模に応じた外形標準課税が適用される。

①課税標準

　（ア）所得割…各事業年度の所得及び清算所得である。

　（イ）付加価値割…各事業年度の付加価値額である。付加価値額は各事業年度の収益分配額（報酬給与額，純支払利子及び純支払賃貸料の合計額）と各事業年度の単年度損益を合算して算定する。

　（ウ）資本割…各事業年度の資本等の金額である。資本等の金額は，各事業年度終了の日における資本金または出資金額と資本積立金額の合計額をいう。

②税率…外形標準課税の対象となる法人事業税の標準税率は図表1－12で示すとおりである。

　なお，この場合も制限税率は1.2倍である。

図表1-12　外形標準課税の対象となる法人事業税の標準税率

所得割		付加価値割	資本割
所得のうち年800万円を超える金額及び清算所得	2.9%	0.48%	0.2%
所得のうち年400万円を超え，年800万円以下の金額	2.2%		
所得のうち年400万円以下の金額	1.5%		

4）申告と納税

　納税義務者は，事業年度終了の日から2か月（または3か月）以内に事業所等の所在地の（都）道府県知事に申告書を提出し，併せて納税しなければならない。なお，災害等特別な場合は申告期限を延長することができる。

5）法人事業税の会計処理

　事業税を現金で納付した場合次の仕訳を行う。

　　　　（借）（事業税）　○○○円　　（貸）（現　金）　○○○円

　事業税の納付は損金に参入されない。事業税勘定の残高は損益計算書の税引前当期純利益の次に法人税等の項目に織り込まれて表示され，税引前当期純利益から控除される。

(3) 地方法人税税務会計

　地方交付税の財源を確保するために，地方法人税法が成立し，2014（平成26）年10月1日から施行されている。

1）納税義務者は法人税を納める義務がある法人である。
2）課税団体は国である。
3）課税標準は法人の基準法人税額である。
4）税額の計算は法人の基準法人税額に100分の4.4を乗じた金額である。

5）申告納付等

法人税を納める義務がある法人は，原則として各課税事業年度の終了の日から2か月以内に税務署長に対し地方法人税の確定申告書を提出しなければならない。

地方法人税法の手続等については法人税法の規定に準じて行われる。

(4) 法人住民税税務会計

法人住民税税務会計とは，法人と地方税法（昭和二十五年七月三十一日法律第二百二十六号）の（都）道府県の普通税としての（都）道府県民税及び（特別区）市町村税の普通税としての（特別区）市町村民税との関係で行われる会計をいう。以下では法人に対する（都）道府県民税及び（特別区）市町村民税を法人住民税とする。

法人住民税は，地域社会の費用のために，その構成員である法人に負担を求めるものである。法人（都）道府県民税は均等割，法人税割及び利子割によって構成されている。また，法人（特別区）市町村民税は均等割及び法人税割によって構成されている。

1）納税義務者（地・24①，294）

納税義務者は，（都）道府県や（特別区）市町村に事務所または事業所等を有する法人である。具体的な納税義務者は図表1－13に示すとおりである。

図表1－13　法人住民税の納税義務者

①	都道府県内，市町村内に事業所のある法人	均等割額と法人税割額との合計額
②	都道府県内，市町村内に寮などのある法人で，その都道府県内，市町村内に事業所などのない法人	均　等　割　額
③	都道府県内，市町村内に事業所または寮などのある法人でない社団または財団で代表者などの定めのあるもの	

法人住民税は，法人等が事務所，事業所または寮等を有する場合に課されることとなるが，この場合の事務所または事業所とは，それが法人の所有に属す

るものであるか否かにかかわらず、事業の必要から設けられた人的及び物的設備であって、継続して事業が行われる場所をいう。また、学校法人等の公益法人は、原則として課税されないが、収益事業を営む場合に限り課税される。

2）税額の計算

①均等割（地・52①，312）

（ア）法人（都）道府県民税及び法人（特別区）市町村民税の均等割

　法人住民税の均等割は、所得の有無にかかわらず課せられる。均等割の標準税率は、（都）道府県民税が資本金等の額に応じて、また、（特別区）市町村民税が資本金等と従業者数に応じて定められている。この場合の従業者とは、俸給、給料、賃金、手当、賞与、その他これらの性質を有する給与の支払を受ける者をいう。指定都市（地方自治法第252条の19第1項で定める市）が（特別区）市町村民税を課する場合は、当該指定都市の区の区域を一の市の区域とみなして課することとされている。法人（都）道府県民税及び法人（特別区）市町村民税の均等割の標準税率は、次の図表1－14に示すとおりである。なお、均等

図表1－14　法人（都）道府県民税及び
　　　　　　法人（特別区）市町村民税の均等割の標準税率

法人等の区分		標準税率		
		道府県民税（年額）	市町村民税（年額）	
			従業者数50人以下	従業者数50人超
資本金等の額	50億円超法人	80万円	41万円	300万円
	10億円超50億円以下の法人	54万円	41万円	175万円
	1億円超10億円以下の法人	13万円	16万円	40万円
	1,000万円超1億円以下の法人	5万円	13万円	15万円
	1,000万円以下の法人	2万円	5万円	12万円
上記以外の法人等		2万円	5万円	

割は法人等が（都）道府県または（特別区）市町村内に事務所等を有する事実に基づき課税され、均等割額は月割によって計算される。

（イ）都民税の均等割

　東京都の特別区では、（都）道府県民税に相当する税と（特別区）市町村民

税に相当する税との合算額を都民税として課している。特別区で（特別区）市町村民税に相当する都民税を課するときは，特別区の区域を一の市とみなして課することとされている。従って，均等割は特別区ごとに課されることになる。また，特別区の区域外の都の区域内では，（都）道府県民税に相当する税を都民税として課している。

②法人税割（地・51①）

法人住民税の法人税割は，原則として，国に納付する法人税額に，（都）道府県，（特別区）市町村の条例で定めている税率を乗じて計算する。法人税割の税額計算を示せば次に示すとおりである。

$$\left[\begin{array}{l}\text{法人税額または} \\ \text{個別帰属法人税額}\end{array} - \begin{array}{l}\text{課税標準の算定上} \\ \text{控除されるもの}\end{array}\right] \times 税率 - 税額控除 = 法人税割額$$

（ア）（都）道府県民税及び（特別区）市町村民税の法人税割

（都）道府県民税及び（特別区）市町村民税の法人税割の標準税率及び制限税率は図表1－15に示すとおりである。

図表1－15　法人税割の税率

区　　分	標準税率	制限税率
（都）道府県民税	5％	6％
（特別区）市町村民税	12.3％	14.7％

（イ）都民税の法人税割

法人都民税の法人税割の標準税率と制限税率は図表1－16に示すとおりである。

図表1－16　法人都民税の法人税割の税率

区　　分	標準税率	制限税率
特別区の存する区域内に事務所等を有する法人の当該特別区分に係る都民税	17.3％	20.7％
都内の（特別区）市町村に事務所等を有する法人の当該（特別区）市町村分に係る都民税	5％	6％

③（都）道府県民税に係る利子割額の控除

　（都）道府県民税の利子割は，個人や法人が金融機関等から支払を受ける利子等に対してかかる。税率は支払を受ける利子等の額の5％である。法人が支払を受ける利子等について利子割額を課された場合には，法人の（都）道府県民税または都民税の法人税割額との二重課税を排除するため法人税割額から控除される。

　3）申告と納税

　法人住民税は，法人税の申告期限，つまり事業年度終了の日から原則として2か月以内にその申告書を（都）道府県知事と（特別区）市町村長に提出し，併せて均等割と法人税割の合計額を納付することになる。事業年度を1年としている法人の場合は，法人税と同じく中間申告が必要な場合がある。また，いくつかの（都）道府県や（特別区）市町村に事業所等のある法人は，それぞれの（都）道府県や（特別区）市町村で法人住民税が課されるので，法人税割は，一定の基準によって分割して納付する。

　4）法人住民税の会計処理

　法人住民税を現金で支払った時は一般に次の仕訳を行う。

　　　（借）（住　民　税）　〇〇〇円　　（貸）（現　　　金）　〇〇〇円

　法人住民税の納付は損金に算入されない。住民税勘定の残高は損益計算書の税引前当期純利益（又は税引前当期純損失）の次に法人税等の項目に織り込まれて表示され，税引前当期純利益（又は税引前当期純損失）から控除される。

第2章　消費税税務会計

1．消費税の類型

　税負担は国民の経済活動に即して平均的に負担されるべきで，経済活動における担税力の基準として，流通，所得，財産及び消費の四つの基準があると考えられている。この基準で課される税の一つに消費税があり，消費税とは，物品及びサービスの消費行為を対象として課税される租税のことをいう。

　消費税はいくつかの類型に分類される。わが国の消費税法は消費税のうちの付加価値税に分類されるものである。わが国の消費税法を理解するためには，消費税における付加価値税の位置付け及びその基本構造と特性を知る必要がある。以下では消費税の類型をみていく。

(1) 直接消費税と間接消費税

　消費税には，物品及びサービスの消費行為を直接に対象として課される直接消費税と，最終的な消費行為よりも前段階の消費行為で課税され，税負担額を物品コストに上乗せされて最終消費者に転嫁される間接消費税とがある。

　1）直接消費税

　直接消費税の仕組みを示せば，図表2－1のようになる。

　直接消費税の課税の対象は物品及びサービスの消費行為であり，納税義務者は消費行為をなす者である。通常，直接消費税は，徴収納付によって徴収されることになる。図表2－1からわかるように，納税義務者である消費者が消費税を直接納付するのではなく，この代替として第三者である納税義務者が徴収して納付することになる。現在わが国に存在する直接税は，地方税のゴルフ場利用税及び入湯税のみである。

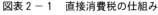

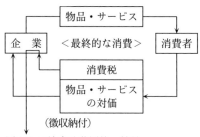

(出所:濱沖1998,116ページ,図表4-1)

2)間接消費税

間接消費税の課税標準は,物品またはサービスの対価の金額または数量となる。そして課税の対象が物品の消費行為の場合,納税義務者は,製造者,取引者または販売者であり,課税の対象がサービスの消費行為の場合,納税義務者はその提供者となる。通常,間接消費税は,申告納税または賦課課税によって納税ないし徴収されることになる。

間接消費税は,一般消費税(general consumption tax)と個別消費税(specific excise tax)とに分類される。一般消費税とは,すべての物品及びサービスを対象として課される消費税のことである。これは法令の定めによって課税対象から除外されない限り課税の対象とされる。一方個別消費税とは,法令の定めによって特に課税の対象とされた物品及びサービスに対してのみ課される消費税のことである。

1988(昭和63)年まで,わが国では個別消費税である物品税を採用し,物品の種類によって異なる税率が課されていた。これは公平負担の観点から,贅沢品等には重く課税すべきであり,生活必需品等は課税対象から除かれるべきであるという考え方に基づいている。

1989(平成元)年より一般消費税である消費税法が施行された。これは従前の基本的な考え方の転換がなされたと考えられる。課税対象から除外される非課税及び対象外取引が最小化されることによって,租税の簡素化及び中立化が

維持されることになった。そして，低い税率であるが単一税率による幅広い課税ベースの課税がなされたことによって，安定した税収を確実に確保することが可能となった。ただし，生活必需品等も課税対象となっていることから，逆進性の問題が生じている。

(2) 単段階一般消費税と多段階一般消費税

一般消費税は製造から小売までのどの取引段階で課税するかによって，単段階個別消費税，多段階個別消費税，単段階一般消費税，多段階一般消費税に区分できる。

1) 単段階一般消費税

① 製造業者売上税（manufacture's sales tax）

製造業者売上税とは，製造者を納税義務者とし，その製造する物品の売上に対して売上金額を課税標準として課される租税である。製造者売上税の納税義務者の数は相対的に少ないため，税務執行は比較的容易になる。しかし製造段階のみで課税がなされるため，一定の税収を確保するためには高い税率を設定しなければならない。

この税で，サービスは課税対象にしない。これは輸送及び通信等のサービスは，課税対象となるべき個人的利用と免税対象となるべき事業目的の利用の双方に用いられる場合が多く，小売段階で提供されるサービスごとに，その利用を区別することが困難という理由からである。

また，この税は産業経済に対して中立的ではないという指摘もある。製品の部品製造者は，その部品をそのまま販売すれば最終の製造者となる。しかしその部品を製品メーカーに販売すれば最終の製造者とはならない。

もし製造業者売上税を採用するならば，課税対象に該当する消費財をすべて区分して，この区分に即して課税されることになる。しかし課税対象に該当する消費財を明確に区分することは容易ではない。さらに関連の卸売会社を利用して製品を無償及び低廉で譲渡する租税回避も予想される。従って製造者売上税は一般消費税として不完全なものと考えられる。

②卸売売上税（wholesale sales tax）

　卸売売上税とは，卸売業者の行う物品の卸売りに対して，その売上金額を課税標準として課される租税である。卸売売上税の納税義務者の数は，製造者売上税よりも相対的多数になる。従って製造者売上税よりも卸売売上税では低い税率を設定することが可能になる。

　しかしサービスが課税対象として該当しない等製造者売上税と同様の問題を持っている。よって，卸売売上税は一般消費税として不完全なものと考えられる。

③小売売上税（retail sales tax）

　小売売上税とは，小売業者の行う物品の小売に対して，その売上金額を課税対象として課される租税である。小売売上税では物品のみでなくサービスも課税対象となる。このことから，製造者売上税及び卸売売上税よりも一般消費税として優れたものと考えられる。

　しかし業務用の小売品を区分することが困難なため，その部分について税負担の累積が生じる可能性がある。また小売売上税の納税義務者の数は，製造者売上税及び卸売売上税よりも相対的に多くなり，さらに小売段階の事業には零細な規模のものが多いため，売上金額を正確に把握することが容易ではないという問題もある。

　2）多段階一般消費税

　多段階一般消費税は課税ベースが広く，これには売上税・取引高税と付加価値税がある。

①売上税・取引高税（turnover tax, gross receipt tax）

　売上税・取引高税とは，すべての取引段階の売上に対して，その売上金額を課税標準として課される一般消費税のことをいう。低い税率で多額の税収をあげることができるが，税負担が累積するため，合併等の企業の垂直的統合を招きやすくなる。その結果，垂直的統合をした企業とそうでない企業とでは，取引の回数が異なるため，税負担に相違が生じることになる。

　かつて，わが国でも1948（昭和23）年9月から翌年12月まで取引高税を実施

していたが，事業者と消費者との間で歪みが生じたため廃止された経緯がある。

　税の転嫁を十分に行うことが困難なため，売上税・取引高税は，公平及び競争中立の観点から欠陥があると指摘されている。

②付加価値税（value added tax）

　付加価値税とは，各取引段階の付加価値を課税標準として課される一般消費税をいう。付加価値とは，原材料の製造から製品の小売までの各段階において付加される価値のことをいい，この捉え方には，控除法，加算法及び仕入れ税額控除法がある。これらの方法による付加価値税は各段階における税の累積を排除することができる。

　（ア）控除法

　生産国民所得の観点から，事業の総売上金額からその事業が他の事業から購入した土地，建物，機械設備，原材料，動力等の支出を控除した金額で付加価値をとらえる考え方を控除法という。

　（イ）加算法

　一方，分配国民所得の観点から，賃金，地代，利子，企業利潤を合計した金額で付加価値を捉える考え方を加算法という。

　控除法においても加算法においても，理論的には同一の付加価値税額が算定されることになるが，これらの算定方法は個別企業を対象として考察していることが特徴である。

　1968年に，フランスで付加価値税は採用実施され，その後，ヨーロッパ経済共同体（ECC→EC→EU）の共通税として加盟各国で採用実施された。しかしEU加盟各国で採用されている方法は，控除法及び加算法ではない。仕入れ税額控除法（または前段階税額控除法）といわれる方法を採用している。

　（ウ）仕入れ税額控除法（または前段階税額控除法）

　仕入れ税額控除法（または前段階税額控除法）（credit method）とは，課税期間内の売上げ（簿記・会計学上の「売上」とは異なる概念である）金額に税率を適用して得られた金額から，同一課税期間内の仕入れ（簿記・会計学上の「仕入」とは異なる概念である）に含まれる前段階の税額を控除して納付税額を算出する

方法である。この方法によって、税負担の累積を排除する。しかし、最終消費者に対して前段階の税額を控除することは認められていない。すなわち、最終消費者が税額を負担する。仕入れ税額控除法による付加価値税の算定は、財やサービスの各段階の流れ全体で捉え、税の転嫁が最初の段階から最終消費者までなされるところにその特徴がある。次の図表2－2で仕入れ税額控除法の仕組みを示す。

図表2－2　仕入れ税額控除法の仕組み

製造業者	卸売業者	小売業者	最終消費者
売上げ 100円 消費税　8円 納付額　8円(a)	仕入れ100円 売上げ200円 消費税　8円 消費税16円 　　　　　　　　16円 　　　　　　　－8円 納付額　8円(b)	仕入れ200円 売上げ300円 消費税　16円 消費税24円 　　　　　　　　24円 　　　　　　　－16円 納付額　8円(c)	購入　　300円 消費税　24円 納付額　24円(d)

* 8円(a)＋8円(b)＋8円(c)＝24円(d)
* 業者は預った消費税から支払った消費税の差額を納付する。負担者は最終消費者。
* 平成29年4月1日からは諸費税率と地方消費税率併せて10％になる予定である。この場合、上記は10円(a)＋10円(b)＋10円(c)＝30円(d)となる。

（濱沖作成）

仕入れ税額控除法は、インボイス方式（税額票方式）とアカウント方式（帳簿方式）とに分類される。

ア）インボイス方式

インボイス方式とは、付加価値税が記載されているインボイス（仕送り状）または請求書の発行を取引の都度事業者に義務付ける。そしてこれを証拠書類として各自業者が売上げた時に受け取った消費税から控除することを認める方法のことである。インボイス方式は、EU加盟国で採用されているため、EU型付加価値税とも呼ばれている。

イ）アカウント方式

一方アカウント方式とは、事業者の会計帳簿等の記載を基礎として、課税期間内の課税売上げ額に対し税率を乗じて算定された消費税（仮受消費税）額か

ら課税期間内の課税総仕入れ額に税率を乗じて算定された金額(仮払消費税)を控除して事業者が納付する消費税額を算定する方式のことである。わが国の消費税がこの方式である。

インボイス方式では,売り手と買い手の双方にとって税の意識は明確であることから,自動的に付加価値税を転嫁することが可能となる。すなわち,インボイス等によって取引が透明性を持つため税の転嫁が容易にしかも確実に行われる。従って理論的にはアカウント方式よりもインボイス方式のほうが優れているといえる。

アカウント方式にしても,インボイス方式にしても,実際に施行する際次の問題点がある。すなわち,所得の低い人にとっては税の負担が大になるという逆進性の問題,そして,政策的な配慮によって非課税取引及び課税対象外取引を設ける必要があるため必ずしもすべての経済取引に消費税が課されないことから生ずる問題,すなわち非課税取引や課税対象外取引には消費税が課されないため,仕入れ時に支払った消費税額を回収するために,販売価格に消費税額を上乗せするのか否かという問題である。

これまでみてきた消費税の類型を整理すれば図表2－3のようになる。

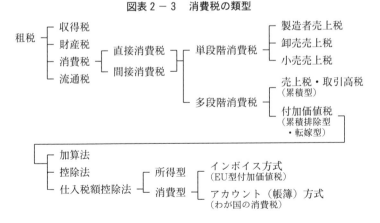

図表2－3 消費税の類型

(出所:濵沖・田邊2006,13ページ,図表1を一部訂正)

(3) わが国の消費税

1941（昭和16）年から，わが国では個別消費税である物品税が採用され，物品の種類によって異なる税率が課されていた。これは公平負担の観点から，生活必需品等は課税対象から除かれるべきであり，奢侈（しゃし）性の高い物品には重く課税すべきという考え方に基づいている。すなわち，垂直的公平の立場から消費課税がなされていたのである。

しかし1973（昭和48）年のオイルショック後の税収が大幅に減収したため，特例国債を発行したことから，具体的政策問題として一般消費税を導入すべきか否かという検討がなされた。そして，1979（昭和54）年に，大平内閣は一般消費税を法案化することを試みるが，財政再建は一般消費税によらず，行政改革による経費の削減，歳出の節減合理化，税負担の確保，既存税制の見直し等を抜本的に推進することによって財源の充実を図るべきとして法案化されずに終わっている。

そして1987（昭和62）年に，竹下内閣のもとで，税制調査会に対して抜本的な税制改革の具体的方策が諮問され，「税制改革についての答申」が取りまとめられた。この答申のなかで，仕入れ税額控除法のアカウント方式による付加価値税が採用され，1988（昭和63）年12月に国会を通過し，翌1989（平成元）年4月1日に施行された。これに伴い同年3月末日をもって，物品税法は廃止された。

理論的にはインボイス方式の方が優れているのにアカウント方式が採用された理由は，インボイス方式では所得捕捉率が上昇することから政治的圧力団体が反対したこと，仕送り状の偽装発行による混乱の回避及び小規模企業に対する納税事務負担の簡素化によるためといわれている。当初の消費税の税率は3％であり，小規模企業に対する特例措置として，基準期間の課税売上げ高が3,000万円以下の事業者については納税義務が免除されていた。

その後1994（平成6）年に，細川内閣によって国民福祉税の創設を含む「税制改革草案」が公表されるが，世論の批判を浴び白紙撤回された。そして1997（平成9）年4月1日に，橋本内閣によって，地方消費税が導入され，国税分

の4％と地方消費税分（消費税額の25％，つまり国税換算1％）とを合計して消費税の税率は5％に引上げられた。さらに，2003（平成15）年度の税制改正では，小規模企業に対する特例措置の縮減が図られ，納税義務の免除が基準期間の課税売上高が3,000万円以下から1,000万円以下の事業者へ引下げられた。そして2014（平成26）年4月1日より消費税の税率が6.3パーセントと地方消費税の税率が消費税率換算で1.7パーセントに引き上げられ，併せて8パーセントとなった。

わが国の2013（平成25）年度国家歳入一般会計予算総額926,115億円の内訳をみると，消費税が11.5パーセントを，所得税が15.0パーセントを，法人税が11.5パーセントを占めている。一方で，1986（昭和61）年度の普通法人の法人税率が43.3％であるから，直間比率の是正を目的としながらも，現在にいたっては企業の減税分を国民が負担しているととらえることもできる。しかし，財政赤字のなかで消費税は大きな役割を持っており，消費税率を1％増加させることによって国家歳入を約2兆円増加させることが可能ともいわれている。今後高齢化社会の進展に伴って，ますます増加すると予測される社会保障費を賄うために，消費税率の引上げは必要不可欠かもしれない。

また，前述したように，現行のアカウント方式には問題点が多く，検討する余地も多く残っている。そこで，転嫁の容易さと確実さという点でインボイス方式が優れており，またEU加盟国が採用していることからインボイス方式を導入すべきであるという意見も多くある。インボイス方式を採用すれば，インボイスに信頼性をもたせる必要性があるため，納税者番号制度を導入することが検討されることになる。

2．消費税税務会計及び地方消費税税務会計

消費税税務会計とは，納税義務者と消費税法（昭和六十三年十二月三十日法律第百八号）との関係で行われる会計をいう。また，地方消費税税務会計とは，納税義務者と地方税法（昭和二十五年七月三十一日法律第二百二十六号）の（都）

道府県の普通税としての地方消費税との関係で行われる会計をいう。

　消費税法の規定によって算定された税額を課税標準として地方消費税の税額が算定される仕組みとなっており，消費税額及び地方消費税額を併せて納付する仕組みである（地・45①三）ため，消費税税務会計及び地方消費税税務会計は一体化して処理されることになる。従って以下では消費税税務会計及び地方消費税税務会計を併せてみていく。

(1) 消費税の基本的な仕組み
１）消費課税

　わが国の消費税は，特定の物品やサービスに課税する個別消費税とは異なり，国内のほとんど全ての商品の販売，サービスの提供及び保税地域から引取られる外国貨物を課税対象として，取引の各段階ごとに課税される間接税である。

２）税の累積を排除し，消費者に転嫁

　消費税は，消費者が負担する。すなわち，事業者が行う取引の際に，税金分は事業者が販売する商品やサービスの価格に上乗せされて，次々と転嫁されて，最終的に商品を購入する，またはサービスの提供を受ける消費者が負担する。

(2) 納付税額の計算方法
１）消費税の納付税額の計算方法

　国税としての消費税の額は，基本的につぎの算式により算出する。

$$\text{消費税の納付税額} = \text{課税期間の課税売上げに係る消費税額} - \text{課税期間の課税仕入れに係る消費税額}$$

　上の算式の「課税期間」とは，納付する消費税額の計算の基礎となる期間のことをいう。個人事業者については，毎年の暦年（1月1日から12月31日まで）で，法人については事業年度である。

　また「課税売上げ」とは，消費税が課税される取引の売上げ金額（消費税額及び地方消費税額を除く）と輸出取引等の免税売上げ金額の合計額からこれらの

売上げに係る売上返品，売上値引や売上割戻し等に係る金額（消費税額及び地方消費税額を除く）の合計額を控除した残額をいう。「課税売上げ」には棚卸資産の販売代金や請負工事代金，サービス料等の他，機械の賃貸収入や棚卸資産以外の資産の譲渡代金等も含まれる。

また「課税仕入れ」とは，事業者が，事業として資産を譲り受け，もしくは借受け，または役務の提供を受けることをいう。「課税仕入れ」には，商品の仕入，機械等の事業用資産の購入や貸借，事務用品の購入，賃加工や運送等のサービスの提供を受けること等がある。また免税事業者や消費者からの商品や中古品等の仕入も「課税仕入れ」になる。

ここで，消費税法上の「課税売上げ」及び「課税仕入れ」の概念は，会計上の収益及び費用とは異なるものであることに注意が必要である。

(3) 課税対象となる取引

消費税の課税対象は，1）国内で行われる取引と2）保税地域から引取られる外国貨物である。

1）国内で行われる取引

事業者が，つぎの4つの条件を満たす取引を行った場合課税の対象となる。

①国内において行うものであること

②事業者が事業として行うものであること

「事業者」とは個人事業者と法人をいう。また「事業」とは，対価を得て行われる資産の譲渡等を反復，継続かつ独立して行うことをいう。

③対価を得て行うものであること

これは，資産の譲渡等に対して反対給付を受けること，つまり反対給付としての対価を得る取引をいう。従って，寄付金・補助金・無償の取引・利益の配当・宝くじの当選金等は課税対象にはならない。

④資産の譲渡，資産の貸付け及び役務の提供であること

「資産」とは，棚卸資産・機械装置・建物等の有形資産，商標権・特許権等の無形資産等，一般に取引の対象となるものはすべて含まれる。

「資産の譲渡」とは，売買や交換等の契約により，資産の同一性を保持しつつ，他人に移転することをいう。

「資産の貸付け」とは，賃貸借や消費貸借等の契約により，資産を他の者に貸付けたり，使用させる一切の行為をいう。

「役務の提供」とは，請負契約・運送契約・委任契約等に基づいて労務，便益その他のサービスを提供することをいう。これには，スポーツ選手・作家・映画俳優・税理士等による，その専門知識，技能に基づく役務の提供も含まれる。

2）保税地域から引き取られる外国貨物

「保税地域」とは，外国から輸入された貨物が税関を留保したまま置いてある場所のことをいう。

(4) 非課税取引

消費税は，最終消費者にその負担を求めるものであるが，取引の中には課税対象とすることになじまないものや，社会政策的な配慮から課税することが適当でないものがある。このような取引については，非課税取引として消費税を課税しない（消・6）。非課税取引には以下がある。

1）土地（土地の上に存する権利を含む）の譲渡及び貸付け（一時的に使用させる場合を除く）。

2）有価証券，有価証券に類するもの及び支払手段（収集品及び販売用のものは除く）の譲渡。

3）利子を対価とする貸付金その他の特定の資産の貸付け及び保証料を対価とする役務の提供。

4）郵便切手，印紙，証紙，物品小切手等の譲渡。

「物品小切手」とは，商品券，ビール券，図書券，テレホンカード，オレンジカード等をいう。

5）国，地方公共団体等が法令に基づき徴収する手数料，国際郵便為替，国際郵便振替または外国為替業務に係る役務の提供。

6） 公的な医療保障制度に係る療養，医療，施設医療またはこれらに類するものとしての資産の譲渡。

7） 社会福祉事業法に規定する社会福祉事業として行われる資産の譲渡。

8） 医師，助産婦その他医療に関する施設の開設者による助産に係る資産の譲渡。

9） 墓地，埋葬等に関する法律に規定する埋葬に係る埋葬料，火葬に係る火葬料を対価とする役務の提供。

10） 身体障害者の使用に供するための性状，構造または機能を有する物品の譲渡，貸付け。

11） 学校，専修学校，各種学校等の授業料，入学金，施設設備費。

12） 教科用図書の譲渡。

13） 住宅の貸付け。

(5) 課税対象とならない取引:不課税取引

消費税の課税対象は，「国内において事業者が事業として対価を得て行う資産の譲渡と輸入取引」である。これに該当しない賃金・給料等の支払い，減価償却費，租税公課の支払い，組合費等の支払い，盗難等による損失，公共施設の負担金等は会計上の取引であっても課税対象とされない（消・4, 6）。これらの取引のことを不課税取引という。

(6) 納税義務者

1） 納税義務者

「納税義務者」とは，消費税を納める義務のある者をいう。納税義務者は，（ア）国内取引の場合と（イ）輸入取引の場合に分かれる（消・5）。

（ア）国内取引の場合の納税義務者は，課税資産の譲渡等を行う事業者である。

（イ）輸入取引の場合の納税義務者は，課税貨物を保税地域から引取る者である。

2）納税義務の免除

その課税期間の基準期間における課税売上げ高が1,000万円以下の個人事業者は，課税事業者となることを選択した場合を除き，その課税期間の課税資産の譲渡等について，納税義務が免除される。この事業者を「免税事業者」という。

また「基準期間」とは，個人事業者についてはその年の前々年分をいい，法人についてはその事業年度の前々事業年度をいう。従って，個人事業者の新規開業年とその翌年は，基準期間の課税売上高がないから，原則として納税義務が免除され免税事業者になる。しかし，新規設立法人のうち，その事業年度開始の日における資本または出資の金額が1,000万円以上である法人については，その基準期間がない事業年度の納税義務を免除されない。

(7) 納税義務の成立時期

1）国内取引に係る消費税の納税義務は，原則として，課税資産の譲渡等をしたときに成立する。この納税義務の成立時期は，法人税や所得税の課税所得金額の計算における，収益の計上の時期とほぼ同じである。国内取引に係る消費税の納税義務成立の時期を，取引の様態に応じて示すと，つぎの図表2－4のようになる。

図表2－4　国内取引に係る消費税の納税義務成立の時期

取引の様態	納税義務の成立の時期
棚卸資産の譲渡	その引渡しがあった日
固定資産の譲渡	その引渡しがあった日
物の取引を要する請負	その譲渡または実施権の設定に関する契約の効力発生の日
人的役務の提供	その約した役務の全部の提供を完了した日
契約または習慣により使用料等の支払日が定められている資産の貸付け	その支払いを受けるべき日
支払日が定められていない資産の貸付け	その支払を受けた日（請求があったときに支払うべきものとされているものにあっては，その請求日）

2）保税地域から引取られる課税貨物に係る消費税の納税義務は，課税貨物を保税地域から引取るときに成立する。

(8) 免税される輸出取引

消費税は国内における商品の販売や，サービスの提供等に課税されるものであるから，外国において消費される資産の譲渡等については課税の対象とならない。外国の消費者に対して日本の消費税を負担させることになると国際課税上も問題となるので，輸出については「免税」として扱われている。「免税」は「非課税」とは異なり，輸出される売上高に関して消費税が課されないと同時に，その輸出に関して行った仕入れに係る消費税額が「仕入れ税額控除」という形で全額還付される。このような免税制度を一般に「ゼロ税率」と呼んでいる。これは輸出売上高が実質的に税率がゼロの課税売上げとして扱われているからである。輸出免税の適用を受けるためには，その取引が輸出取引等に該当するものであることの証明が必要である。

(9) 課税標準

消費税法上の課税標準とは，税額計算の基礎となる金額のことをいい，この合計額に税率を乗じて課税売上げに係る消費税額を算出する。

課税標準の，1）国内取引の課税標準と，2）輸入取引の課税標準はつぎのようになる。

1）国内取引の課税標準

課税資産の譲渡等の対価の額（消費税および地方消費税額相当額を含まないが，個別消費税の額を含む）。

2）輸入取引の課税標準

課税対象となる外国貨物の取引価格。

(10) 税率

消費税の税率は，6.3％の単一（一律）税率である（消・29）。

この他、地方税である地方消費税が、消費税率換算で1.7％課税される（消費税に対する63分の17）ので、併せた税率は8％となる。

＊なお2017（平成29）年4月1日よりの税率は7.8％となり、地方消費税の税率が消費税率換算で2.2％課税され、併せた税率が10％となる予定である。

(11) 控除対象仕入れ税額の計算

１）控除対象仕入れ税額の計算方法

前述のように、事業者はその課税期間における課税売上げにかかる消費税額（つまり課税標準額に対する消費税額のことである）から課税仕入れ（課税仕入と課税貨物の受取りをいう）にかかる消費税額を差引いた金額を納付するが、この計算は、簡易課税制度を採用している事業者と、その他の事業者とでは異なる。

ここでは控除対象仕入れ税額の原則的方法、つまり簡易課税制度を採用しない事業者が行う控除対象仕入れ税額の計算方法について述べる。この場合、その期間中の「課税売上げ割合」によって、計算方法は異なる。

「課税売上げ割合」とは、つぎの算式により計算した割合をいう。

$$課税売上げ割合 = \frac{課税期間の課税売上げ高（税抜き）}{課税期間の総売上げ高（税抜き）}$$

この課税売上げ割合が、（ア）その課税期間における課税売上げ高が年5億円以下の場合と（イ）その課税期間における課税売上げ高が年5億円を超える場合とでは、取扱いが異なる。

（ア）その課税期間における課税売上げ高が年5億円以下の場合

　ア）課税売上げ割合が95％以上の場合

　　課税仕入れ等の全額を控除する。

　イ）課税売上げ割合が95％未満の場合

　　個別対応方式と一括比例配分方式のいずれかの方法による。

（イ）その課税期間における課税売上げ高が年5億円を超える場合

　　個別対応方式と一括比例配分方式のいずれかの方法による。

課税仕入れに係る消費税額、つまり控除対象仕入れ税額の計算方法について

の区分を示せば，図表2－5のようになる。

図表2－5　控除対象仕入れ税額の計算方法についての区分

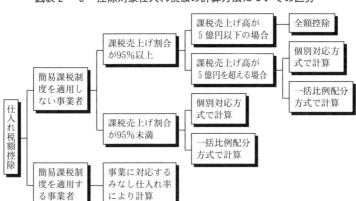

（出所：濱沖1998，143ページ，図表4－10を訂正）

2）控除対象仕入れ税額の計算の特例
①仕入れ対価の返還がある場合

　課税事業者の課税仕入れにつき，値引，返品，割引，割戻しを受けたことにより，課税仕入れに係る支払対価の額に対応する買掛金その他の債務の額の全額または一部の減額を受けた場合には，仕入れ対価の返還を受けた課税期間中の課税仕入れに係る消費税額から「控除方式」に応じて計算した仕入れ対価の返還に係る消費税額を控除し，その控除後の税額をその課税期間中の課税売上げに係る消費税額から控除する。

$$\text{仕入れ対価の返還に係る消費税額} = \text{仕入れ対価の返還の金額（税込）} \times \frac{6.3}{108}$$

②非課税資産を輸出した場合

　非課税資産の輸出取引を行った場合には，その輸出取引は課税資産の譲渡に係る輸出取引とみなされ，その課税仕入れに係る消費税額は控除対象仕入れ税額の対象となる。

③高額な固定資産の控除税額の調整

購入価格が100万円以上の固定資産で一定のもの（調整対象固定資産という）についての控除税額は所定の調整を行うこととされている。

④課税・免税事業者となる場合の調整

3）売上返品，値引，割戻しの場合

課税事業者が，課税資産の譲渡につき，値引，返品，割引，割戻しをしたことにより，その課税資産の譲渡等の税込価額にかかる売掛金その他の債権の額の全部もしくは一部の減額をした場合には，売上げ対価の返還を行った課税期間中の課税売上げにかかる消費税額から，売上げ対価の返還等に係る消費税額の合計額を控除する。この場合，控除しきれない金額があるときは還付される。

売上げ対価の返還の金額に係る消費税額は，つぎの算式により計算する。

$$\text{売上げ対価の返還の金額に係る消費税額} = \text{売上げ対価の返還の金額（税込）} \times \frac{6.3}{108}$$

4）貸倒れの場合

課税事業者が国内において課税資産の譲渡を行った場合，その相手方に対する売掛金その他の債権につき，会社更生法の更生計画認可の決定により切り捨てられたこと，その他一定の事実が生じたため，その税込価格の全部または一部の領収をすることができず，貸倒れとなったときは，貸倒れとなった日の属する課税期間の課税売上げに係る消費税額から，貸倒れ処理した金額に係る消費税額の合計を控除できる。控除することができる貸倒れに係る消費税額は，つぎの算式により計算する。

$$\text{貸倒れに係る消費税額} = \text{貸倒れに係る金額} \times \frac{6.3}{108}$$

5）簡易課税制度（消・37）

簡易課税制度とは，その課税期間における課税標準額に対する消費税額を基にして，控除対象仕入れ税額を計算する制度をいう。これは，その課税期間における課税標準額に対する消費税額から売上対価の返還等の金額に係る消費税額の合計額を控除した後の金額に「みなし仕入れ率」を乗じて計算した金額を

仕入れ控除税額とみなす制度である。
①要件
　課税仕入れに係る消費税額の簡易課税制度の適用を受けるためには，つぎの2つの要件を満たす必要がある。
　（ア）課税事業者の基準期間における課税売上げ高が5,000万円以下であること。
　（イ）この適用を受ける旨の届出書を適用開始事業年度の前日迄に所轄の税務署長あてに提出していること。
②みなし仕入れ率
　「みなし仕入れ率」は，図表2－6のように，事業区分ごとに決められている。事業区分は日本標準産業分類により判定する。

図表2－6　みなし仕入れ率の事業区分

区　分	業　　種	みなし仕入れ率
第1種事業	卸売業	90%
第2種事業	小売業	80%
第3種事業	農業，林業，漁業，鉱業，建設業，製造業等	70%
第4種事業	第1，2，3，5種事業に揚げる事業以外のもの	60%
第5種事業	不動産業，運輸通信業，サービス業（飲食店業を除く）	50%

＊平成27年4月1日以降に開始する課税期間から，金融業及び保険業が第5種事業とされみなし仕入率が50％になる。また，不動産業は第6種事業とされ，みなし仕入率が40％になる。

③控除対象仕入れ税額の計算
　控除対象仕入れ税額の計算は，つぎのように行う。
　（ア）1種類の事業のみを営む事業者の場合
　第1種事業から第5種事業までの事業のうち，1種類の事業のみを営む事業者については，その課税期間の課税標準に対する消費税額に，該当する事業のみなし仕入れ率を乗じた金額が控除対象仕入れ税額となる。

$$\begin{matrix}\text{控除対象} \\ \text{仕入れ税額}\end{matrix} = \begin{matrix}\text{課税標準に} \\ \text{対する消費税額}\end{matrix} \times \begin{matrix}\text{(該当する事業の)} \\ \text{みなし仕入れ率}\end{matrix}$$

(イ) 2種類以上の事業を営む事業者の場合

第1種事業から第5種事業までの事業のうち, 2種類以上の事業を営む事業者の控除対象仕入れ税額の計算は, つぎのとおりである。

 ア) 原則的な方法

  それぞれの事業の課税売上げに係る消費税額に, それぞれのみなし仕入れ率を乗じた金額の合計額が控除対象仕入れ税額となる。

 イ) 第1種事業から第5種事業までの事業のうち2種類以上の事業を営む場合で, 1種類の事業に係る課税売上げ高が全体の課税売上げ高の75%以上を占める場合

  この場合は, その75%以上を占める事業のみなし仕入れ率を全体の課税売上げ高に対し適用することができる。

 ウ) 第1種事業から第5種事業までの事業のうち3種類以上の事業を営む場合で, 2種類の事業に係る課税売上げ高が全体の課税売上げ高の75%以上を占める場合

  この場合は, その2種類の事業のうち, みなし仕入れ率の高い方の事業に係る課税売上げ高については, そのみなし仕入れ率を適用し, それ以外の課税売上げ高については, その2種類の事業のうち, 高い方のみなし仕入れ率をその事業以外の課税売上げ高に適用することができる。

④事業区分の方法

2種類以上の事業を営む事業者が仕入れ控除税額を計算する場合には, その課税売上げ高をそれぞれの事業ごとに区分する必要がある。区分はつぎのような方法によって行う。

 (ア) 事業の種類ごとに記帳し, 課税売上げ高を計算する方法

 (イ) 納品書, 請求書, 売上伝票またはレジペーパー等に, 事業の種類または事業の種類が区分できる資産の譲渡等の内容を記載し, 事業の種類

ごとの課税売上高を計算する方法
（ウ）事業場ごとに1種類の事業のみを行っている事業者の場合は，その事業場ごとに課税売上げ高を基礎として事業の種類ごとの課税売上げ高を計算する方法
⑤課税売上げ高を事業の種類ごとに区分していない場合
　2種類以上の事業を営む事業者が仕入れ控除税額を計算する場合に，それぞれの事業ごとに区分を行っていない場合は，その区分していない課税売上げについては，これら2種類以上の事業のうち最も低い事業のみなし仕入れ率を適用して控除対象仕入れ税額を計算することになる。

(12) 申告
1）国内取引の場合
①確定申告（消・42）
　事業者は課税期間ごとに課税期間の末日から2か月以内に，所定の事項を記載した消費税及び地方消費税の確定申告書を所轄税務署長に提出するとともに，その申告に係る消費税額及び地方消費税の合計額を納付することになる（個人事業者の確定申告・納付期限は，当分の間翌年3月末日までとされている）。
　なお，中間申告による税額があれば，これを控除した税額を納付する。
②中間申告（消・42）
（ア）中間申告の支払回数
　中間申告の支払回数は，直前の課税期間の確定消費税額に応じてつぎのような扱いになる。
　　ア）直前の確定消費税額が4,800万円超（地方消費税抜）の場合
　　　　年11回
　　イ）直前の確定消費税額が400万円超（地方消費税抜）から4,800万円（地方消費税抜）以下の場合
　　　　年3回
　　ウ）直前の確定消費税額が48万円超（地方消費税抜）から400万円（地方消

費税抜）以下の場合
　　　年1回
　　エ）直前の確定消費税額が48万円（地方消費税抜）以下の場合
　　　中間申告不要
（イ）中間申告の方法
　中間申告の方法は前年度実績による場合と仮決算による場合とがある。中間申告書を申告すべき事業者が，それを申告しなかった場合は前年度実績による申告書の提出があったものとみなされる。
　2）輸入取引の場合
　申告納税方式が適用される課税貨物を保税地域から引取ろうとする者は，課税貨物を保税地域から引取る時までに，その保税地域の所轄関税長に輸入申告書を提出するとともに，引取る課税貨物に課される消費税額及び地方消費税を納付することとされている。

(13) 納税地

1）国内取引の納税地（消・20，22）
　国内取引についての消費税と地方消費税の納税地は，つぎのとおりである。
①個人事業者の納税地
　（ア）国内に住所を要する場合は，住所地となる。
　（イ）国内に住所を有せず，居所を有する場合は，居所地となる。
　（ウ）国内に住所及び居所を有せず，事務所等を有する場合は，事務所等の所在地となる。
②法人の納税地
　（ア）国内法人の場合は，本店または主たる事務所の所在地となる。
　（イ）国内法人以外の法人で国内に事務所等を有する法人の場合は，事務所等の所在地となる。
　2）輸入取引の納税地
　保税地域から引取られる外国貨物についての消費税及び地方税の納税地は，

保税地域の所在地になる。

(14) 記帳事項と帳簿の保存

1）記帳事項

課税事業者は，会計帳簿を備え付け，これに取引を行った年月日，取引の内容，取引金額，取引の相手方の氏名または名称等を，整然と，かつ明りょうに記載しなければならない。仕入れ税額控除の原則的方法による場合の帳簿への記載事項を示せば，図表2－7のようになる。

図表2－7　仕入れ税額控除の原則的方法による場合の帳簿への記載事項

区　分	記　載　事　項
資産の譲渡等を行った場合	取引の相手方の氏名または名称・取引年月日・取引内容・取引金額
売上返品を受けたり，売上値引や売上割戻し等を行った場合	売上返品等に係る相手方の氏名または名称・売上返品等に係る取引年月日・売上返品等の内容・売上返品等に係る金額
仕入返品を受けたり，仕入値引や仕入割戻し等を行った場合	仕入返品等に係る相手方の氏名または名称・仕入返品等に係る年月日・仕入返品等の内容・仕入返品等に係る金額
貸倒れが生じた場合	貸倒れの相手方の氏名または名称・貸倒年月日・貸倒れに係る資産または役務の内容・貸倒れに係る金額
課税貨物に係る消費税額の還付を受けた場合	保税地域の所轄税関名・還付を受けた年月日・課税貨物の内容・還付を受けた消費税額

これらは，課税仕入れに係る消費税額を控除するための要件となっており，課税仕入れの事実があったとしても，この要件を満たしていないと課税仕入れに係る消費税額を控除することはできない。

2）帳簿の保存（消・30⑦，消令・50①）

課税事業者は，必要な事項を記載した会計帳簿を閉鎖の日の属する課税期間

の末日の翌日から2か月を経過した日から7年間，納税地等で保存する必要がある。帳簿の保存方法としては，原則として現物での保存となるが，7年間のうち最後の2年間は，一定の要件を満たすマイクロフィルムによる保存が認められる。帳簿はこれらの記載事項を充足するものであれば，商業帳簿でも，所得税・法人税に対応する帳簿でも差支えない。

(15) 地方消費税
1) 課税の対象
　地方消費税の課税の対象は，消費税と同じであり，①国内と，②輸入取引である。
　　　　①国内取引…事業者が事業として対価を得て行う資産の譲渡，貸付け及び役務の提供
　　　　②輸入取引…保税地域から引取られる外国貨物
2) 納税義務者
地方消費税の納税義務者は消費税の納税義務者である。
3) 課税標準
地方消費税の課税標準は，算定された消費税法上の消費税額である。
　　①国内取引については，課税標準に対する消費税額から課税仕入れ等にかかる消費税額を控除した後の消費税額が課税標準になる。
　　②課税貨物の保税地域からの引取りについては，保税地域からの課税貨物の引取につき課税される消費税額が課税標準になる。
4) 税率と税額の計算
　地方消費税の税率は63分の17である。課税標準が，消費税額（国税）となるので消費税率（6.3%）×63分の17で，1.7%が消費税換算の税率となる。従って，個々の課税資産の譲渡についての税額計算にあたっては，税抜価格に8%（6.3%+1.7%）を乗じて計算すればよいことになる。申告に際しての計算は，つぎの計算式による。

地方消費税額＝算定された消費税額（100円未満切捨て後）×63分の17
＊なお2017（平成29）年4月1日よりの地方消費税の税率が78分の22，消費税率換算で2.2％（消費税7.8％×78分の22）となる予定である。この場合，消費税（税率7.8％）と地方消費税の税率（税率2.2％）を合わせると10％となる。

（16）消費税と地方消費税の会計処理

消費税と地方消費税の会計処理は，消費税額と地方消費税額を売上げ高及び仕入れ高に含めて処理する方法（これを税込処理という）がある。

また，消費税額と地方消費税額を売上げ高及び仕入れ高に含めないで区分して処理する方法（これを税抜処理という）とがある。これには，取引のつど区分する方法と期末に一括区分する方法がある。

税込処理と税抜処理の，いずれの方法を採用するかは事業者の任意であるが，いずれの方法を採用しても納付する消費税額と地方消費税額の合計額は同額となる。

税込処理と税抜処理の会計処理の概要は，図表2－8のとおりである。

図表2－8　税込処理と税抜処理の会計処理の概要

区　分	税込処理方法	税抜処理方法
特　徴	税抜計算の手間が省ける。売上げまたは仕入れに係る消費税額と地方消費税額は，売上げ金額，資産の取得価格または経費等の金額に含まれるため，事業者の損益は消費税と地方消費税によって影響される。	税抜計算の手間がかかる。売上げまたは仕入れに係る消費税額と地方消費税額は，仮受消費税等，または仮払消費税等とされ，事業者を通り過ぎるだけの処理となるため，事業者の損益は消費税と地方消費税によって影響されない。
売上げに係る消費税額等	売上げに含めて収益として計上する。	仮受消費税等とする。
仕入れに係る消費税額等	仕入金額，資産の取引価額または経費等の金額とする。	仮払消費税等とする。
納付税額	租税公課として損金（または必要経費）に算入する。	仮受消費税等から仮払消費税等を控除した金額の支出とし，損益には関係させない。
還付税額	雑収入として益金（または総収入金額）に算入する。	仮払消費税等から仮受消費税等を控除した金額の入金とし，損益には関係させない。

つぎに，原則課税における税込処理と税抜処理の取引例の仕訳を示す。
① 商品¥9,720（うち消費税¥720）を掛で仕入れた。
② 小切手を振出して，備品¥300,000（別に消費税¥24,000）を購入した。
③ 得意先へ商品¥86,400（うち消費税¥6,400）を掛売りした。

取引例	税込処理	税抜処理
①	（借）（仕　入）　9,720 　　　（貸）（買掛金）　9,720	（借）（仕　入）　9,000 　　　（仮払消費税）　720 　　　（貸）（買掛金）　9,720
②	（借）（備　品）　324,000 　　　（貸）（当座預金）324,000	（借）（備　品）　300,000 （借）（仮払消費税）24,000 　　　（貸）（当座預金）324,000
③	（借）（売掛金）　86,400 　　　（貸）（売　上）　86,400	（借）（売掛金）　86,400 　　　（貸）（売　上）　80,000 　　　（仮受消費税）　6,400

3．所得課税と消費課税のリンク

(1) 法人税税務会計及び所得税税務会計と消費税税務会計における現象

これまでみてきたように，法人税及び所得税とも損益計算によって所得金額が計算される。これら所得課税の計算の仕組みに付加価値課税として消費税の計算の仕組みは，一見重ね合わせることができるように見える。しかし所得課税は直接税であり，付加価値税は間接税であるため，その課税システムは異なる。つまり所得課税では，その企業における一事業年度の益金（または総収入金額）と損金（または必要経費）との差額が所得金額として把握され，課税所得金額を課税標準として税額が算定され，納税する仕組みである。ここで，課税当局（税務署）の見解が当該事業者の見解と異なるとすれば，それは当該事業者自身についての納税額の増減である（税務調査においてはほとんどの場合，課税所得の増加が問題とされる）。すなわち，益金（または総収入金額）または損金

（または必要経費）の増減による課税所得金額を対象とした課税要件事実の認定の問題であって，それは当該事業者の問題として完結する。

　申告納税制度では，自ら作成した帳簿書類に基づいて所得及び税額を計算して申告するものである。課税当局の税務調査の際，益金（または総収入金額）あるいは損金（または必要経費）として申告された内容についての真実性が問われる。申告された所得金額の是認または否認の判断は，課税当局による課税要件事実認定によってなされる。

　わが国の企業の大半は青色申告を行っている。従って，青色申告制度に基づいて正確な帳簿書類を作成するために，取引の真実性（課税要件事実）に重点を置いた会計処理がなされている。これは各業種の商慣行及び商慣習に起因して処理されることが多く，例えば，不特定多数の顧客への販売で，少額金額での販売が頻繁に行われる業種では領収書が入手できない取引もある。また，宛名が「上様」と記載してある領収書または領収書の代わりとして受取証明書を受取った場合，これらにも取引事実の証憑性があると考えられる。また，領収書の発行がなされなかった場合，自ら支払い証明書を作成して，損金または必要経費とする場合もある。このように実務で定着している証憑に取引の真実性がある場合，申告課税では，損金または必要経費として税務上認められてきた税務会計現象がある。

　1887（明治20）年に，わが国における所得税は創設された。また，法人所得に対する課税は1899（明治32）年に設けられた。1940（昭和15）年に法人税が所得税より独立し，1965（昭和40）年に法人税法は全面改正され今日に至っている。これらの所得課税に対する考え方は，広く定着していった。

　一方，付加価値課税は税が事業者間で転嫁され，確実に最終消費者が負担するシステムになっていることが重要視される。すなわち当該企業の課税売上げ及び課税仕入れの変更が，税の転嫁という点から重要視されなければならない。

　1989（平成元）年に，付加価値課税としての消費税は創設され，それまでの所得課税と併せ，同一の課税事業者に課されるようになった。所得課税と消費税「付加価値課税：前段階税額控除方式としての帳簿型（アカウント型あるいは

日本型)」は，基本的な仕組みが異なるため，以下に述べるような問題点が実務上生じてくる。

消費税法第30条第7項及び消費税法施行令第50条によって，消費税の仕入れ税額控除の規定の適用（仕入れ税額控除における原則課税の適用）を受ける納税者は，帳簿及び請求書等を整理して，その閉鎖日の属する課税期間の末日の翌日から2か月を経過した日から7年間保存することが義務付けられている。その際，帳簿及び請求書等は，下記の内容の記載要件を満たしておかなければならない。

1）書類作成者の氏名または名称。
2）課税仕入れの相手方の氏名または名称。
3）課税仕入れを行った年月日。
4）課税仕入れに係る資産または役務の内容。
5）課税仕入れに係る支払対価の額。

上記の記載要件を満たしておかなければ，仕入れ税額控除の適用を受けることができない。帳簿及び請求書等への記載不備があった場合，仕入れ税額控除を認めないという判例も存在している。これらの記載要件は，法人税法及び所得税法の取扱いよりも厳格な要件を要求していると考えられている。例えば，先の例でいえば，たとえ取引が事実であったとしても宛名が「上様」の領収書では消費税法上仕入れ税額控除として認められない。しかし，小規模企業には，帳簿及び請求書等の記帳能力に限界があることも確かなことである。この厳格な記載要件は，大きな事務負担を小規模企業に強いることになる。小規模企業において，その増加した事務負担を企業側が持つのか，あるいは税務会計業務を請負っている会計事務所が持つのかという問題も生じてくる。これは消費税による企業会計に対する逆基準性を意味している。さらに，これは所得課税の逆基準性も含有したものになっている。すなわち消費税法上の規定は，法人税法及び所得税法による取扱いよりもさらに厳格な会計処理上の記載要件を要求し，企業会計に直接影響を与えるものである。これらの関係を示せば，図表2－9のようになる。

図表 2 − 9　消費税による逆基準性

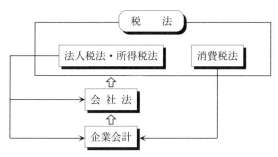

→　は，逆基準性を示す
⇨　は，諸表または申告書の作成プロセスを示す

(出所：濱沖1998，166ページ，図表 4 − 16)

　このように，消費税法第30条第7項及び消費税法施行令第50条における帳簿及び請求書等の記載要件は，消費税が創設される以前に定着していた会計に強い影響を与える税務会計現象となっていることは確かなことである。

(2) アカウント方式とインボイス方式
　以上，同一の企業に所得課税及び消費税を課すことによって，企業会計に対する逆基準性の問題が生ずることを指摘した。前述したようにわが国の消費税法は仕入れ税額控除法のアカウント方式を採用しているが，税の転嫁の面では，インボイス方式の方が優れている。わが国の消費税の創設当時，EC加盟国がインボイス方式を採用していたことから，わが国でもインボイス方式を積極的に採用すべきという意見も存在していた。その後，おそらくアカウント方式に税の転嫁の確実性を持たせるために，消費税法第30条第7項は整備されたものと思われる。これは一企業において，その取引が真実か否かという所得課税上の問題よりも，企業間から最終消費者への税の転嫁がスムーズになされる点を重要視するという消費課税上の考え方を優先したためと考えることができる。事務負担の軽減及び課税の簡素化の視点より，帳簿方式（アカウント方式）から仕送り状方式（インボイス方式）への変更の検討が望まれる。

第3章　財産税税務会計

1．固定資産税税務会計

　固定資産税税務会計とは，納税義務者と地方税法の（特別区）市町村の普通税としての固定資産税との関係で行われる会計をいう。

　固定資産税は土地や建物等固定資産の所有という事実に着目して課される財産税（資産課税）である。現行の固定資産税は，シャウプ勧告に基づいて1950（昭和25）年に（特別区）市町村税として創設されたものである。

　固定資産税は，（特別区）市町村民税と並ぶ（特別区）市町村税の基幹的な税とされる。それは，固定資産を所有している住民と（特別区）市町村との受益関係に着目した税であり，（特別区）市町村にとっては安定性のある税であるためである。

　なお，一定額以上の固定資産については（都）道府県が課税する。

(1) **納税義務者**（地・343, 359, 381），（地・342, 349の4-5, 359, 389）

　固定資産税の納税義務者は，賦課期日となる毎年1月1日現在の固定資産の所有者である。具体的には，土地は土地登記簿または土地補充課税台帳，家屋は建物登記簿または家屋補充課税台帳，償却資産は償却資産課税台帳にそれぞれ所有者として登記または登録されている者が納税義務者となる。これを台帳課税主義という。

　納税義務者は固定資産税を，原則として4月，7月，12月及び2月に各（特別区）市町村に納付する（一括納付も可能）（普通徴収）。

　なお，国や地方公共団体等の非課税法人及び宗教法人や学校法人等が本来の事業で使用する資産は非課税となる。

また，1つの（特別区）市町村の区域内において，同一の者が所有する固定資産税の課税標準が次の金額未満の場合は免税となる。

　土地……… 30万円　　　家屋……… 20万円　　　償却資産……… 150万円

(2) 課税対象

固定資産税の対象となる固定資産とは，土地（田，畑，宅地，山林，原野等），家屋（住宅，店舗，工場，倉庫等）及び償却資産（土地家屋以外の事業用資産で，所得金額の計算上，減価償却費を計上できる資産，ただし，自動車，無形固定資産を除く）である。ただし，墓地・公共の道路や国宝等に指定された家屋とその敷地等は非課税である。

(3) 課税標準

固定資産税の課税標準は，賦課期日（1月1日）における固定資産価額で，固定資産課税台帳に登録されたものである。この課税台帳は，毎年3月1日から同月20日までの間，関係者の縦覧に供される。

土地または家屋の課税標準については，基準年度（昭和33年度から起算した3の倍数年度を経過したごとの年度）の賦課期日現在の価額で課税台帳に登録されているものである。第2年度，第3年度においては，原則として基準年度の賦課期日において課税台帳に登録された価額である。

(4) 税率

固定資産税の標準税率は1.4%である。

(5) 固定資産税の会計処理

固定資産税税務会計の会計処理には，通常つぎの方法がある。

1）賦課決定日を基準に計上する方法

この方法は固定資産税の賦課決定日の属する事業年度に計上するもので，固定資産税支払額を費用（固定資産税勘定または租税公課勘定）計上した事業年度

に法人税法上,損金算入する。

2)賦課期日(1月1日)を基準に計上する方法

この方法は,賦課期日(1月1日)から12月31日までの期間に月割計上するものである。法人がこの方法によった場合,法人の決算期によっては法人税の所得計算上,損金算入として法人税の「別表四」で加算する場合も出てくる。

個人の納税義務者においても法人においても損益計算書における固定資産税の表示は,固定資産税の課税対象が製造活動に供されている場合には製造原価報告書における「製造原価項目」に計上され,その他の場合は「営業費用項目(販売費及び一般管理費)」に計上する。

2.都市計画税税務会計

都市計画税税務会計とは,納税義務者と地方税法の(特別区)市町村税の都市計画税との関係で行われる会計をいう。

(1)納税義務者

都市計画税の納税義務者は,市街化区域内の土地または家屋の所有者である。賦課徴収で固定資産税と併せて賦課される。

(2)課税対象

都市計画税で規定する都市計画事業とは,都市計画に定められた都市施設及び市街地開発事業について都市計画法第59条で定める認可または承認を受けて行われる事業である。また,都市計画税で規定する土地区画整理事業は,都市計画域内の土地について道路,公園,河川等の公共施設を整備し,土地の区画を整え宅地の利用の増進を図ることにより,健全な市街の形成と良好な宅地の供給に資することを目的としている。

また,都市計画施設とは,つぎに掲げる施設をいう(都市計画法第11条第1項)。
・道路,都市高速鉄道,駐車場,自動車ターミナルその他の交通施設

- 公園, 緑地, 広場, 墓園その他の公共空地
- 水道, 電気供給施設, ガス供給施設, 下水道, 汚物処理場, ごみ焼却場その他の供給施設または処理施設等

都市計画税を課すか否か, あるいは, その税率水準をどの程度にするかについては, 地域における都市計画事業等の実態に応じ, (特別区) 市町村の自主的判断 (条例事項) に委ねられる。

(3) 課税標準

原則として, 都市計画区域のうち市街化区域に所在する土地と家屋に係る固定資産税の課税標準となる価額である。ただし特別の事情がある場合に限り, 市街化調整区域の条例で定める区域内に所在する土地と家屋についても課税標準となることがある。

(4) 税率

都市計画税の制限税率は0.3%で, (特別区) 市町村の条例で定められる。

都市計画税の税額＝
土地または家屋の価額 (固定資産税の課税標準となるべき価額) ×税率

(5) 都市計画税の会計処理

都市計画税税務会計の会計処理は固定資産税のそれと同様である。

3．自動車税税務会計

自動車税税務会計とは, 納税義務者と地方税法の (都) 道府県の普通税としての自動車税との関係で行われる会計をいう。

自動車税は1940 (昭和15) 年に (都) 道府県税として法定され, (特別区) 市町村はこれに付加税を課すこととされていたが, シャウプ税制勧告に基づく1950 (昭和25) 年の地方税法の改正により (都) 道府県税とされた。

(1) 納税義務者（地・145）

　自動車税の納税義務者は自動車の所有者である。ただし，割賦販売等で売主が自動車の所有権を留保している場合には，買主を自動車の所有者とみなす。

　徴収の方法は，4月1日現在の自動車の所有者に対して普通徴収の方法による。新規登録，移転登録等年度途中に新たに自動車を取得した場合には，陸運事務所への登録申請の際に証紙徴収の方法による。

　自動車税の納期は，原則として，5月中において各（都）道府県の議会によって条例で定めることとなっている。

(2) 課税対象

　自動車税は，自動車の主たる定置場所在の所有者に対して（都）道府県が課税する（地・145-177）。これは軽自動車税と同様に，財産課税的・道路損傷負担金的な性格を持っている。自動車税の対象となる自動車は，道路運送車両法の適用を受ける自動車のうち，二輪の小型自動車，軽自動車，大型特殊及び小型特殊自動車を除いたものである。

(3) 課税標準

　自動車税の課税標準は，自動車の種別，排気量等ごとに区分されている。

(4) 税率

　自動車税の制限税率は，標準税率の1.5倍である。

　なお，2001（平成13）年度に「自動車税のグリーン化」による特例税率が創設された。これは，排出ガス性能及び燃費性能の優れた環境負荷の小さい一定の自動車の税率を軽減し，新車新規登録から一定年数を経過した環境負荷の大きい自動車の税率を重くするという特例措置である。

　自動車税は毎年4月1日現在における自動車の所有者に1年分課税されることになるが，新規登録または廃車をした場合には，月割計算により課税又は還付される。

(5) 自動車税の会計処理

自動車税は，証紙徴収による場合を除き，普通徴収による賦課課税である。

自動車税税務会計の会計処理は個人の継続的事業体における処理と法人におけるそれとは異なる。

1) 個人の継続的事業体における処理

個人における自動車の事業使用割合を合理的に算定し，この割合に納税した額を乗じた額が所得税法上の必要経費となる。

2) 法人の継続的事業体における処理

法人においては確定された自動車税が法人税法上の損金となる。

4．軽自動車税税務会計

軽自動車税税務会計とは，納税義務者と地方税法の（特別区）市町村税の普通税としての軽自動車税との関係で行われる会計をいう。

(1) 納税義務者

軽自動車税の納税義務者は，賦課期日となる毎年4月1日現在の原動機付自転車，軽自動車，小型特殊自動車（トラクター，フォークリフト等）及び二輪の小型自動車の所有者である。納期は4月中において（特別区）市町村の条例で定められる。また，所有権留保付販売があったときは，その使用者に課税される。普通徴収または証紙徴収により納付する。

(2) 課税対象

軽自動車税は，1958（昭和33）年に，旧自動車荷車税の課税対象であった原動機付自転車と，それまで自動車税の課税対象であった軽自動車及び二輪の小型自動車を課税対象とした（特別区）市町村税として創設された（地・442-461）。

(3) 課税標準

軽自動車税は，軽自動車等の所有という事実に着目して課される資産課税である。軽自動車税は，軽自動車等の主たる定置場の所在する（特別区）市町村が課税する。軽自動車税は年税のため，年の途中で登録した場合の月割による課税や廃車した場合の月割の還付はない。

(4) 税率

軽自動車税の標準税率は，図表3－1のとおりである。軽自動車の制限税率は標準税率の1.5倍である。

図表3－1　軽自動車税の区分と年税額

区　分		年税額
原動機付自転車（125cc以下）	1）総排気量50cc以下のものまたは定格出力0.6kw以下のもの　4）に掲げるものを除く	1,000円
	2）二輪のもので総排気量50cc超90cc以下のものまたは定格出力0.6kw超0.8kw以下のもの	1,200円
	3）二輪のもので総排気量90cc超のものまたは定格出力0.8kw超のもの	1,600円
	4）三輪の以上のもので総排気量20cc超のものまたは定格出力0.25kw超のもので一定のもの	2,500円
軽自動車（660cc以下）及び小型特殊自動車	5）二輪のもの（側車付きのものを含む）（125cc超250cc以下）	2,400円
	6）三輪のもの	3,100円
	7）四輪の以上もの 　　乗用のもの　　営業用 　　　　　　　　自家用 　　貨物用のもの　営業用 　　　　　　　　自家用	5,500円 7,200円 3,000円 4,000円
二輪の小型自動車（250cc超）		4,000円

なお，平成27年度以降に新規取得される四輪等の新車の税率は，自家用乗用車が1.5倍に，その他の区分の車両が約1.25倍に引き上げられる。

(5) 軽自動車税の会計処理

　軽自動車税は毎年4月1日現在における自動車の所有者に1年分課税されることになる。自動車税のように月割計算はない。

　軽自動車税は，営業費用として「租税公課」勘定に計上し，その事業年度の法人税法上の損金に算入する。

　1）納税義務者が個人の場合

①事業割合が100％の場合の仕訳は次のとおり。

　　　　（借）（租税公課）　　○○○円　　（貸）（現金預金）　　○○○円

②自家割合がある場合の仕訳は次のとおり。

　　　　（借）（租税公課）　　○○○円　　（貸）（現金預金）　　○○○円
　　　　　　（事業主貸）　　○○○円

　2）法人の場合

仕訳は次のとおり。

　　　　（借）（租税公課）　　○○○円　　（貸）（現金預金）　　○○○円

第4章　流通税税務会計

　流通税とは財やサービスの取引や流通に対し課税される税のことで，不動産取得税，自動車取得税，印紙税，登録免許税等があるが，以下では不動産取得税税務会計，自動車取得税税務会計についてみていく。

1．不動産取得税税務会計

　不動産取得税税務会計とは，納税義務者と地方税法の（都）道府県の普通税としての不動産所得税との関係で行われる会計をいう。

　不動産取得税は，不動産取得の背後にある担税力に着目して土地及び家屋を取得した者に課される（地・73-73の44）。現行の不動産取得税は1954（昭和29）年度税制改正により（都）道府県税として創設された。

　不動産の取得には，新築等による家屋の取得，家屋の改築による取得（地・73の2④），区分所有家屋の取得，家屋の附帯設備の取得，土地区画整理事業等に係る土地の仮換地等または保留地予定地等の取得（地・73の2⑪⑫）がある。

　国や地方公共団体の取得，社会福祉法人等が本来の事業で使用するための取得及び相続等による不動産取得の場合には非課税とされる。また取得した不動産の価格が図表4－1で示す場合には，課税されない。

図表4－1　課税されない不動産取得の区分

土　地		10万円未満
家屋	建　築	1戸につき23万円未満
	その他	1戸につき12万円未満

(1) 納税義務者

不動産取得税の納税義務者は、不動産を取得した個人及び法人である（地・73の2①）。不動産の取得は、有償・無償を問わず、またその原因が売買・交換・贈与・寄附等、いずれによるかを問わず認定される。

納税義務者は、不動産の所得時に（特別区）市町村長に対して申告をする。その情報が（都）道府県に送られ、（都）道府県から送付される納税通知書で一定期限までに納付する（普通徴収）。

(2) 課税対象

課税対象は土地及び家屋である。

(3) 課税標準

不動産取得税の課税標準は、取得時の不動産の価格すなわち固定資産課税台帳に登録された固定資産の評価額である（地・73の13①、73の21①）。不動産の評価額が固定資産課税台帳に登録されていない場合には、（道）府県知事が固定資産税の固定資産評価基準から不動産取得税の課税標準となるべき価格を決定する（地・73の21②）。また、家屋の改築を行って家屋の取得とみなした場合の課税標準は、改築により増加した価格とされる（地・73の13②）。

ただし、課税標準及び税額の特例により、都市部の平均的な一戸建住宅及び住宅用地については実質的に非課税となっている。それは、住宅には課税標準の特例措置が、住宅用地には税額の減額措置が設けられているからである。

住宅の課税標準の特例措置では、新築住宅は1,200万円を控除でき、中古住宅は住宅の新築時期により最高1,200万円まで控除できる。

住宅用地の税額の減額措置（新築・中古とも）では、150万円または床面積の2倍の面積（200㎡限度）に相当する土地の価格のいずれか大きい額に税率を乗じて得た額を減額できる。他に各種の軽減措置が講じられている。

(4) 税率

標準税率は4％である。ただし特例により2006（平成18）年4月1日から2015（平成27）年3月31日までに取得した住宅及び土地は3％である。

(5) 不動産取得税の会計処理

事業の用に供せられる不動産にかかる不動産取得税は，資産取得の付随費用として取得資産の取得原価に算入される。例えば土地取得にかかる不動産取得税は「土地」勘定に含められ，店舗・工場・倉庫などの取得にかかる不動産取得税は「店舗」・「工場」・「倉庫」などの勘定に含められる。

2．自動車取得税税務会計

自動車取得税税務会計とは，納税義務者と地方税法の（都）道府県の普通税としての自動車取得税との関係で行われる会計をいう。

自動車取得税は，自動車の取得（二輪の小型自動車，二輪の軽自動車，大型特殊及び小型特殊自動車を除く）に着目し，その取得者に対して課される税で，1968（昭和43）年に地方道路財源の充実強化を図り，（都）道府県及び（特別区）市町村の道路整備の費用に充てるため，（都）道府県の目的税（道路特定財源）として創設された（地・103－14）。

自動車取得税は自動車の取得に担税力を見出して課される税であり，受益者負担的・原因者負担的な性格を有している。

なお，自動車所得税は自動車所得という消費に対して課せられる消費税である。最近消費税法上の税率が引き上げられたことから，事実上の二重課税であるとの指摘がなされ，廃止する方向で検討されている。

(1) 納税義務者

自動車取得税の納税義務者は，自動車の取得者である。ただし割賦販売契約により購入した場合等で，売主が所有権を留保しているときは，買主である使

用者が納める。自動車取得税は各（都）道府県に申告し，申告書に証紙を貼付して納付する。

(2) 課税対象
自動車取得税の課税対象は自動車である。

(3) 課税標準
自動車取得税の課税標準は，原則として自動車の取得価額である。ただし無償取得その他の事情がある取得，交換等による取得の場合は，通常の取引価額として自治省令で定めるところにより算定した金額である。

(4) 税率
一定税率で，営業用自動車及び軽自動車は3％，その他の自動車取得税は5％，電気自動車については上記の税率から2％を控除した税率である。

なお，「低燃費車に係る自動車取得税の特例措置」及び「ディーゼル車に係る自動車取得税の特例措置の抜本的見直し」により，自動車取得税の控除・軽減が図られている。

自動車取得税額は次の式から算出される。
自動車の取得価額（1,000円未満切捨）×税率＝税額（100円未満切捨）

(5) 自動車取得税の会計処理
自動車取得税額は，営業経費として「租税公課」勘定に計上し，その事業年度の損金または必要経費に算入する。個人事業者で自家割合がある場合は，その割合金額が「事業主貸」勘定（借方）で処理される。

補　章

1．税理士制度

　わが国の税法は複雑なため，納税者自身が税務申告書を作成して税額を計算することが困難な場合がある。そこで，納税者からの依頼を受けて，税務に関する代理行為を行うために税理士制度（税理士法）が設けられている。

　この制度の前身は税務代理士制度｛1942（昭和17）年の税務代理士法｝である。1951（昭和26）年に税理士法が制定され，数度の改正を経て今日に至っている。税理士法第1条では，「税理士は，税務に関する専門家として，独立した公正な立場において，申告納税制度の理念にそって，納税義務者の信頼にこたえ，租税に関する法令に規定された納税義務の適正な実現を図ることを使命とする」としている。また，税理士は，1）税務代理　2）税務書類の作成　3）税務相談を行う（税・2）。これらの業務は独占業務で無償独占（業務の対価を受けない場合でも独占であって，この場合でも責任を負う）を意味する。このような業務を担う税理士は，国や地方公共団体と納税者との税に関する橋渡し役といえる。

　また，税理士は，他人の求めに応じ財務書類の作成，会計帳簿の記帳代行その他財務に関する事務を行うことができる（税・2②）。わが国の税理士登録者数は約7万5千人（平成26年10月現在）である。

　税理士が共同して設立する法人に税理士法人がある（税・48の2）。これは税理士業務を組織的に行うことを目的とするもので，その社員は税理士であることとされている（税・48の4）。

　税理士資格を取得し，勤務税理士として継続的事業体に入った場合，その企業の組織にもよるが，経理課長（部長），財務課長（部長）等のポストが与え

られることが多いようである。また資格を取得し，特殊法人である監査法人や税理士法人で勤務することもできるし，独立して税理士事務所（税務会計事務所）を開業することもできる。

なお，税務会計に関する国家資格の1つに，公認会計士資格がある。公認会計士は一定の条件を満たせば税理士となることができる。また，弁護士も登録することによって税理士となることができる（税・3①三・四，②）。

2．税務会計監査

継続的事業体が国及び地方公共団体へ税務申告（報告）を行う際に，事前にチェックを行う，あるいは税務申告（報告）後税務署より税務調査を受けるまたは賦課課税された内容をチェックすることを意味する監査のことを「税務会計監査」という。「税務会計監査」は，「税務会計内部監査」と「税務会計外部監査」とに区分される。「税務会計内部監査」には継続的事業体が依頼した税理士による監査及び会社法上の会計参与による（実質的）監査がある。「税務会計外部監査」には，税務当局による「税務調査」がある。この「税務調査」は，税務署員の有する質問検査権に基づくものである。「税務調査」では通達税務行政や税務署長が行う課税要件事実認定が行われているため，継続的事業体にとっては，質問検査権の理解も必要となる。

3．経営組織別の税務会計の成り立ち

継続的事業体の経営組織別の会計ルールと関係する主要な税法を解明すれば図表 補－1のようになる。

(1) 個人企業の所得税税務会計・消費税税務会計

個人企業（図表 補－1のFの箇所に該当）の会計と会計に関する法律との関係を示せば図表 補－2のようになる。

補 章 197

図表 補-1 経営組織別の会計ルールと関係する主要な税法

		規制する法	商法総則	商法	会社法	金融商品取引法	法人税法	所得税法	消費税法
税法上の区分	法人	上場会社など，特定の株式会社　A	○		○	○	○		○
		上記以外の株式会社　B	○		○		○		○
		合名会社・合資会社・合同会社　C	○		○		○		○
		有限責任事業組合　D	○				○		○
		その他の法人または人格のない社団など　E	○	○			○		○
	個人	個人企業　F	○	○				○	○

（出所：濱沖1998，12ページ，図表1-4を一部訂正）

図表 補-2 個人企業の会計と会計に関する法律との関係

```
┌─────────────┐
│ 所得税法及び消費 │ ← 税務調査
│ 税法に従う申告書 │ → 税務申告
│    の作成    │
└─────────────┘
      ↑
┌─────────────┐
│ 企業会計原則及び │
│ 商法に従う会計の │
│     処理     │
└─────────────┘
```

（出所：濱沖・梅田2007，16ページ，図表-8）

　ここで個人企業は，企業会計原則及び商法に従い会計処理を行う（商・19，商規・4-8）。そして，所得税法及び消費税法に従ってそれぞれの申告書を作成し申告する。この場合には，実務上，税法の規定が会計処理の慣行よりも優先される（例えば，損益計算書，貸借対照表は所得税法が規定する様式に記載することになる）。これらの会計処理と提出された財務諸表及び税務申告書は税務署による税務調査の対象となる（所・234）。

(2) 有限責任事業組合の所得税税務会計または法人税税務会計・消費税税務会計

2005（平成17）年8月に「有限責任事業組合契約に関する法律」（同年5月6日法律第40号）が施行され，有限責任事業組合（以下，事業組合という。）が創設された。この事業組合は，組合員の相互間の契約関係からなる法人格のない組合であり次の3点が特徴とされている。1）有限責任…事業組合の出資者（組合員）は，出資額の範囲内で債権者に対して責任を負う（事法・15）。2）内部自治…出資者の間の意思決定の方法，損益や権限の柔軟な分配等が出資者同士の合意に基づき自由に決められる（事法・12, 33）。3）構成員課税…事業組合の活動によって生じた損益は，構成員すなわち出資者に直接帰属する。

事業組合の会計処理は，企業会計原則に基づき，中小指針あるいは中小要領によってなされる（事・28, 事規・7）。事業組合が，毎事業年度経過後2か月以内に作成しなければならない計算書類は，貸借対照表・損益計算書・附属明細書である（事・31②）が，その他に仕訳帳や各勘定元帳等に加えて出資や資産及び損益の組合員別内訳を記載した集計表等の会計帳簿も必要に応じて作成することになる。会計帳簿は作成後すみやかに各組合員にその写しを交付することになる。それらの保存期間は10年間である。事業組合の課税は構成員課税とされているため，税務申告や納付は，会計帳簿の写しを基に各組合員が行う。すなわち個人であれば所得税法及び消費税法に従って，法人であれば法人税法及び消費税法に従ってそれぞれの申告書を作成し，税務申告をする。このような構成員課税はパススルー課税といわれる。なお，税務上，利益または損失の額は事業組合で定めた分割割合に応じて計上されるため，それらの額が経済的合理性を有していない場合にはその計上が認められない。事業組合（図表 補－1のDの箇所に該当）の会計と会計に関する法律との関係を示せば図表 補－3のようになる。

図表 補-3 事業組合の会計と会計に関する法律との関係

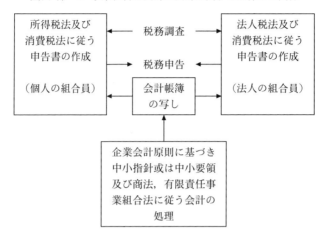

（出所：濵沖・梅田2007，16ページ，図表-9を一部訂正）

ここで税法，会社法，有限責任事業組合法と税法上の法人企業及び個人企業の関係を示せば図表 補-4のようになる。

図表 補-4 商法，会社法，有限責任事業組合法と税法上の法人企業及び個人企業の関係

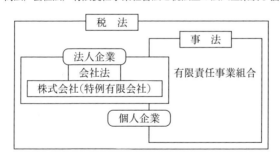

（出所：濵沖・梅田2007，16ページ，図表-10）

(3) 合名会社の法人税税務会計・消費税税務会計

合名会社は無限責任社員だけで構成される（会・576②）会社法上の持分会社である（会・575①）。会社法で有限責任会社について一人会社を認めているこ

とから，無限責任社員1人による合名会社の設立が可能である（会・641④）。会社等が他の会社の無限責任社員になることが出来る。合名会社は，企業会計原則に基づき，中小指針あるいは中小要領によってなされる（会・614，615①，指針・5）。合名会社が作成する計算書類は，貸借対照表・損益計算書・社員資本等変動計算書・個別注記表であるが，貸借対照表以外の計算書類の作成は義務ではない（会・617①②，計規・103①一）。合名会社は，上記の会計処理に基づき法人税法及び消費税法に従って申告書を作成し，税務申をすることになる。

(4) 合資会社の法人税税務会計・消費税税務会計

合資会社は会社法上の持分会社の1つであって（会・575①），無限責任社員と有限責任社員から構成される（会・576③）。合資会社にあっては有限責任社員であっても株式会社等の社員（株主）のような間接有限責任ではなく，会社債権者に対して直接有限責任を負う。合資会社の会計と会計に関する法律との関係は上の合名会社のそれと同様である。

(5) 合同会社の法人税税務会計・消費税税務会計

合同会社は有限責任社員だけで構成される会社である（会・576④）。合同会社の特徴は次のとおりである。1）有限責任…社員は出資額の範囲内で債権者に対して責任を負う。2）内部自治…社員の間の意思決定の方法，損益や権限の分配等が社員同士の合意に基づき自由に決められる。3）法人格を有する。

合同会社の会計は，企業会計原則に基づき中小指針あるいは中小要領及び会社計算規則に従う（会・614，615①，指針・5）。合同会社は資本と経営の分離がない人的組織の色彩が濃く，利害関係者も少ないことから，作成する計算書類は貸借対照表・損益計算書・社員資本等変動計算書・個別注記表であり（計規・103①二），附属明細書や連結計算書類の作成義務はない。合同会社は法人として法人税法及び消費税法に従い申告書を作成し，税務申告を行う。なお，配当可能利益の90％以上の配当をする等一定の要件を満たした場合には，配当金を損金算入できる配当損金算入方式（ペイスルー課税）が認められている。

これは事業組合の構成員課税（パススルー課税）と同様の効果がある。

合名会社，合資会社及び合同会社（図表 補－1のC及びDの箇所に該当）の会計と会計に関する法律との関係を示せば図表 補－5のようになる。

図表 補－5　合名，合資，合同会社の会計と会計に関する法律との関係

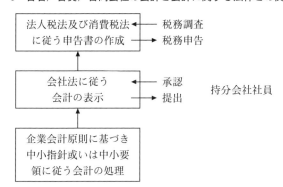

（出所：濱沖・梅田2007，17ページ，図表－12を一部訂正）

(6) 株式会社の法人税税務会計・消費税税務会計

１）金融商品取引法の適用を受けない株式会社の税務会計

株式会社は，有限責任社員で構成される会社である（会・104）。会社法の施行に伴い旧有限会社法の規定により設立された有限会社は，会社法の規定する株式会社（以下，「特例有限会社」という。）となった（会整法・2）。株式会社は，まず企業会計原則に基づき，企業会計基準，中小指針あるいは中小要領に従い財務諸表を作成する（会・431，計規・3）。そして関係書類について株主総会で承認を得なければならない（会・438②）。そして会計帳簿と株主総会に提出された（会社法上の）計算書類に基づき，法人税法及び消費税法に従って税務申告書を作成し，税務申告を行う。これらの会計の処理と提出された税務申告書は税務署（法人によっては国税局）による税務調査の対象となる（法・153）。金融商品取引法の適用を受けない株式会社（非上場）（図表 補－1のBの箇所に該当）の企業会計及び会計に関する法律との関係を示せば図表 補－6のよう

になる。

図表 補－6　金融商品取引法の適用を受けない
株式会社（非上場）の会計と会計に関する法律との関係

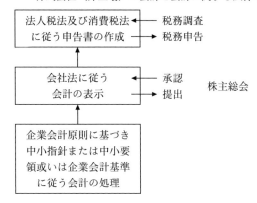

（出所：濱沖・梅田2007，17ページ，図表－12を一部訂正）

2）金融商品取引法の適用を受ける株式会社の税務会計

　金融商品取引法の適用を受ける株式会社は，まず企業会計原則に基づき，企業会計基準及び会社計算規則に従う財務諸表を作成し（会・431，計規・3），その内容について会社法に基づく会計監査を経た後株主総会で承認を得なければならない（会・438②）。これを基に法人税法及び消費税法に従う税務申告書を作成して税務申告を行う。これらの会計処理と提出された税務申告書は，税務署（法人によっては国税局）による税務調査の対象となる。また企業会計原則に基づき，企業会計基準及び会社法に従い作成された会計帳簿と計算書類を基にして金融商品取引法に従う財務諸表を作成する。このことを財務諸表の組み替えという。そして金融商品取引法に基づく会計監査を経た後投資者に開示するために内閣総理大臣（権限が委譲され実質は金融庁長官）へ提出する。

　金融商品取引法の適用を受ける株式会社（図表 補－1のAの箇所に該当）の会計に関する規定との関係を示せば図表 補－7のようになる。

図表 補-7　金融商品取引法の適用を受ける株式会社（上場）の
会計と会計に関する法律との関係

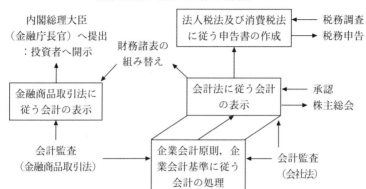

(出所：濱沖・梅田2007，17ページ，図表-13)

次に，金融商品取引法が求める財務諸表と，会社法が大会社に求める計算書類とを比較すれば図表 補-8のようになる。

図表 補-8　金融商品取引法が求める財務諸表と
会社法が求める計算書類との比較

		金融商品取引法	会社法
計算書類等	計算書類	① 貸借対照表 ② 損益計算書 ③ キャッシュフロー計算書 ④ 株主資本等変動計算書 ⑤ 附属明細書	① 貸借対照表 ② 損益計算書 ③ 株主資本等変動計算書 ④ 個別注記表
	その他		⑤ 事業報告 ⑥ 附属明細書

(出所：濱沖・梅田2007，18ページ，図表-14)

4．わが国における小規模企業への税務会計支援体制

(1) 税務会計支援体制

わが国の小規模企業（継続的事業体のうち比較的規模の小さい個人事業体及び法人事業体のことを「小規模企業」とする）の会計実務に強い影響を及ぼすのは所得税法，法人税法，消費税法等の税法であって，小規模企業における会計ではこれらの税法に対応する簿記処理を含む税務会計実務が展開されているといえる。わけても所得税法及び法人税法についての税務会計は法的に認められた諸団体が小規模企業に対し税務申告を可能ならしめるために会計帳簿記入と税務申告の指導を，全国を網羅して行っている。

わが国においては「三者協定」，「四者協定」に基づく税務会計支援が全国的規模で展開されている。「三者協定」とは，全国青色申告会総連合及び日本税理士会連合会は，「小規模納税者に対する記帳，決算から申告に至るまでの一貫した指導を実施」し，国税庁はこれに支援・協力するとしたもので，1963（昭和38）年に全国青色申告会総連合，日本税理士会連合会及び国税庁によって合意されたものである。「四者協定」とは，商工会の継続記帳指導を受けている一定の所得金額以下の者に対して，商工会の経営指導員が所得税の税務申告書を作成することを，全国青色申告会総連合，全国商工会連合会，日本税理士会連合会及び国税庁が了解するとしたもので，1972（昭和47）年に合意されたものである。

これらの体制の下でわが国において小規模企業への税務会計支援が行われていることを，税務会計支援体制としよう。この支援体制が成立しているのは，殆どの小規模企業においては記帳能力が比較的乏しいという状況がある一方で，税務申告にかかる法的独占業務者は税理士であるため，税務業務や税務業務の基礎として必須の会計業務を行う税理士に支払う費用負担の問題が大きいからであると察せられる。小規模企業に対する施策は税理士制度ならびに税理士の職域についての問題を内包しているが，国税庁の立場での円滑な申告納税制度

の観点から，全国を網羅する税務会計支援体制が形成されてきたといえる。小規模企業に対し，この税務会計支援体制を指導している団体の相互関係をまとめれば図表 補－9（出所：濱沖・新野・谷崎・鶴見2008，72～75ページ，図1及び「図1中の注記」）のようになる。

次に，この図で示されている税理士や関係する組織の会計及び税を見ていくことにする。

(2) 税理士及び税理士法人の会計業務

多くの税理士事務所ではコンピュータを利用した会計（以下，コンピュータ会計と記す）業務を行なっている。コンピュータ会計では，関与先企業の証憑書類等に基づいて，取引をコンピュータに入力する。入力されたデータは会計ソフトのプログラムに関連付けられ処理される。そして会計帳簿や財務諸表が出力されて関与先企業に提供される。このようなコンピュータ会計の流れを示せば次の図表 補－10のようになる。

税理士事務所が利用する会計ソフトの多くは，専門の業者によって開発されているものである。なかでも株式会社TKC（以下ではTKCとする）のコンピュータ会計はここで示したコンピュータ会計の仕組とは異なり，ホストコンピュータを使用するものである。これは関与先の企業が「FX2」という会計専用機を利用して取引を入力するもので，税理士事務所職員は記帳指導と入力処理のチェック等を業務とした「巡回監査」を行い，関与先の証憑書類等の取引を事務所へ持ち帰る。そしてこれらを税理士事務所内にある「財務エントリ21」という会計専用機で入力する。入力された取引は，TKCが運営しているホストコンピュータに備えられている財務会計システムへ通信回線によって送信され，そのシステム内で情報が処理される。会計帳簿や財務諸表の出力は，このホストコンピュータを運営管理している統合情報センターで行われる。そして，会計帳簿や財務諸表は，税理士事務所を経由して関与先企業に渡される。このような「FX2」を利用した会計システムの流れの概略を示せば図表 補－11のようになる。

206 第Ⅱ部

図表 補-9　わが国におけ

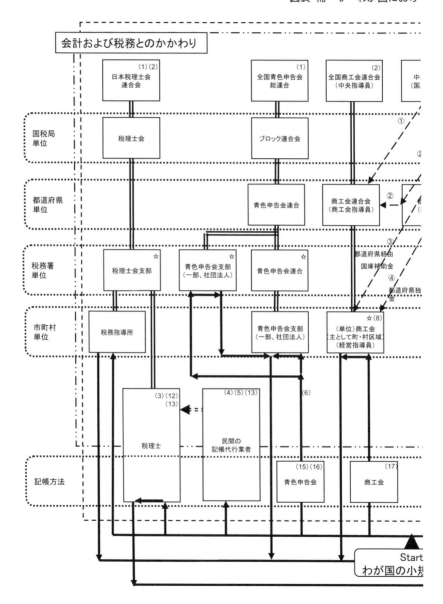

補章 207

る税務会計支援体制の一覧図

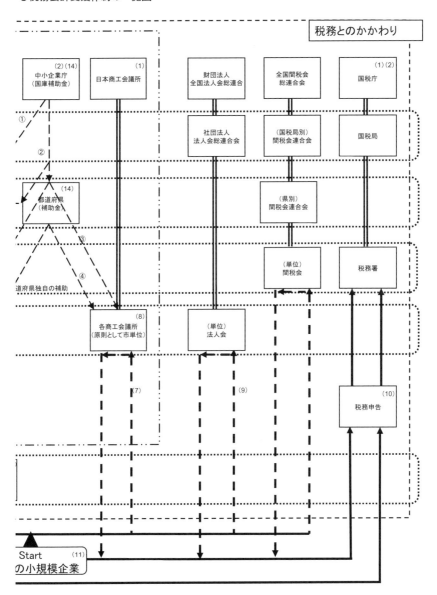

図表補-9の補足説明

線種等		説明
「会計及び税務とのかかわり」（長二点鎖線の囲み）	（長二点鎖線の囲み図）	そのかかわりが深い順番に，左の団体または組織から右に列挙している。この囲みに近いところへ示している団体または組織はそのかかわりが薄いことを示している。
「税務とのかかわり」（破線の囲み）	（破線の囲み図）	右の団体または組織から左の団体または組織まで，すべてを囲んでいる。これは，全ての団体が税務とのかかわりを持っていることを示している。
二重線	＝＝＝	各団体または組織別に，国税局単位から（特別区）市町村単位まで，縦のつながり（関係）を示している。
実線の矢印	←	小規模企業が，記帳代行や記帳指導を個別に受けることのできる団体または組織（税務指導所，税理士，民間の記帳代行業者，青色申告会，商工会）へ訪ね，そこで記帳代行や記帳指導を受け，その後税務申告をする場合の，一連の動きを示している。税理士に依頼した場合の税務申告へ向けての実線は，税理士が依頼者である小規模企業に代わり直接，税務署へ税務申告に行くことを示している。
破線の矢印	←------	小規模企業が，集団方式による記帳指導や記帳相談を実施している団体または組織｛商工会議所，法人会（小規模企業が法人組織の場合），間税会｝へ訪ね，記帳指導や記帳相談を受け，その後税務申告をする場合の一連の動きを示している。
二重破線の矢印（民間の記帳代行業者から税理士へ向けて引いたもの）	←=======	税理士が，民間の記帳代行業者からの依頼で，民間の記帳代行業者の顧客である企業の税務相談や税務代行を行なう，等，民間の記帳代行業者が税務業務を税理士に依頼する場合の動きを示している。
長破線の矢印，（中小企業庁から（都）道府県，（都）道府県から商工会と商工会議所へそれぞれ向けて引いたもの）	←－－－－	付した丸数字は，国庫補助金及び（都）道府県の補助金の，つぎのような流れを示す。 ①中小企業庁から直接，（都）道府県の商工会連合会へ流れる補助金 ②中小企業庁から（都）道府県を経由して，商工会連合会へ流れる補助金 ③中小企業庁から（都）道府県を経由して，単位商工会や各商工会議所へ流れる補助金 ④（都）道府県独自のものとして，単位商工会や各商工会議所へ流れる補助金
税務署単位における税理士会支部，青色申告会支部等	☆	税理士会から税理士が派遣されている団体を示す。税理士が派遣されることによって，税務業務が可能になる。

(3) 民間の記帳代行業者

民間の記帳代行業者が行うコンピュータ会計の流れは，先の図表補-10で示した内容と同様である。従って，図表 補-10で示した太枠の「税理士事務所」

図表 補－9中の注記
(1) 三者協定締結。
(2) 四者協定締結。
(3) 税理士のみ，税務代理権がある。(4) 企業から会計業務を請け負うことを業としている者もいるが，税務業務は法的独占業務者である税理士しか行えない。
(5) 民間記帳代行業者に関する文献には，広瀬元義「記帳代行業務の実態調査と解説」『記帳代行業者の実態調査と解説』(株)アックスコンサルティング，2007年がある。
(6) 対象は小規模企業者。
(7) 会計及び税務の，継続的な指導は行わず，税に関する相談業務のみ行うものもある。
(8) 地域によっては，商工会議所と商工会とが同じオフィス内で仕事を行っている所もある。
(9) 会計及び税務についての直接的な個別指導はほとんど行われていない。会員企業におけるこれらの業務は，自企業内部で行われている。
(10) 税に関係のある団体として，他に，全国納税貯蓄組合連合会，財団法人納税協会連合会，財団法人日本税務協会があり。これらの団体から2006年8月に聴取した内容を訂正した。
(11) 自企業内で，会計業務及び税務業務を行う企業もある。
(12) 税理士事務所向けに財務システムや税務システムに関するハードウェアやソフトウェアを開発・販売している代表的な企業には，株式会社TKC（通称：TKC），日本ICS株式会社（通称：ICS），株式会社ミロク情報サービス（通称：MJS），株式会社日本デジタル研究所（通称：JDL），セイコーエプソン株式会社（パソコンソフトの販売取扱会社は，エプソン販売株式会社），株式会社エッサム，株式会社NTTデータ（登記簿上の会社名は，株式会社エヌ・ティ・ティ・データ），がある。
(13) 市販の会計ソフト（パソコン家電量販店で一般企業向けに販売している会計ソフト）を提供している企業には，株式会社大塚商会，ピー・シー・エー株式会社，エス・エス・ジェイ株式会社，セイコーエプソン株式会社，弥生株式会社，ビズソフト株式会社，株式会社オービックビジネスコンサルタント，株式会社ミロク情報サービス（通称：MJS），株式会社日本デジタル研究所（通称：JDL），ソリマチ株式会社，応研株式会社，ビジネスオンライン株式会社多数ある。
(14) 国庫補助金，((都)道府県からの)補助金は，削減の方向にある。
(15) 案内する帳簿を何にするかについては，各青色申告会支部の判断に任されている。
(16) ここでの『ブルーリターンA』に関しては，http://www.bluereturna.jp/cgi-bin/A.cgi）参照のこと。
(17) ここでの『ネットde記帳』に関しては，
http://www.shokokai.or.jp/kicho/details/merit.html を参照のこと。

の部分を「民間の記帳代行業者」と置き換えることができる。このコンピュータ会計ソフトでは，市販のコンピュータ会計ソフトが利用されている。また，アプリケーションソフトや独自に開発されたソフトが利用される場合もある。すなわち，民間の記帳代行業者の行う会計実務は，市販のパソコン（PC）に適合する会計ソフトを利用したコンピュータ会計が中心に行われている。

(4) 青色申告会

青色申告会では，小規模企業に対し複式簿記及び簡易簿記の指導を行っている。推奨している帳簿には，簡易簿記としての「収支日計式簡易帳簿」があるが，これは単式簿記である。また，「現金出納帳」，「売掛帳」，「買掛帳」，「経

図表 補-10　税理士事務所が関与先企業に行うコンピュータ会計の流れ図

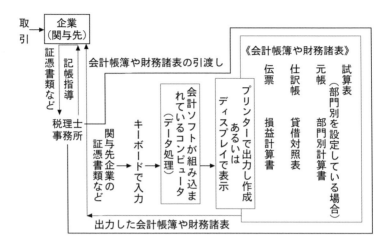

（出所：濵沖1994，59ページ，図表2に基づいて作成）

図表 補-11　「FX2」を利用した会計システムの流れ

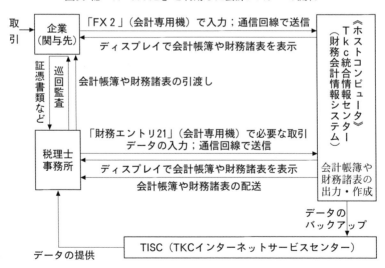

（出所：濵沖・新野・谷崎・鶴見2008，76ページ，図3）

補 章　211

図表 補-12　収支日記式簡易帳簿（小企業者用）の流れ

```
         ┌─────┬──────────────────────┐
         │     │収支日計表            │
         │     │・受取手形記入帳      │
         │収   │・支払手形記入帳      │
         │支   │・売掛金、未収金明細表│
  取     │日   │・買掛金、未払金明細表│  収
         │記   │・棚卸表              │  支
  引 →  │式   │・月別総括表          │→計
         │簡   │・経費内訳            │  算
         │易   │・事業主貸・借の内訳  │  書
         │帳   │・決算手続            │
         │簿   │・《未払経費・前払経費（未経
         │     │  過費用）・家事関連費の決算
         │     │  修正》              │
         │     │・固定資産の減価償却  │
         │     │・収支計算書          │
         └─────┴──────────────────────┘
```

（出所：濵沖・新野・谷崎・鶴見2008，76ページ，図4）

図表 補-13　標準簡易帳簿の流れ

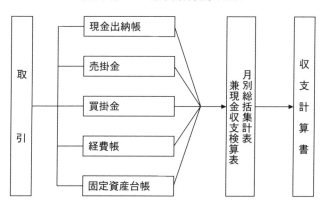

（出所：濵沖・新野・谷崎・鶴見2008，77ページ，図5）

図表 補-14　標準簡易帳簿と債権債務等記入帳を組み合わせた帳簿の流れ

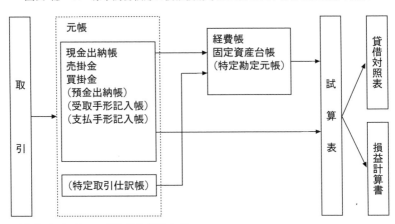

図表中（　）内は，債権債務等記入帳

（出所：濱沖・新野・谷崎・鶴見2008，78ページ，図6）

費帳」，「固定資産台帳」の5冊から構成されている標準簡易帳簿がある。さらに標準簡易帳簿に「債権債務等記入帳」を含めた「貸借対照表が作成できる青色帳簿Ⅰ・Ⅱ」等のオリジナル製品がある。これらの帳簿の流れは，図表 補-12から図表 補-15に示すとおりである。

　また青色申告会では，企業向けの学習教材として「青色申告のためのやさしい複式簿記―記帳・決算編―」，「青色申告のためのやさしい複式簿記―練習問題編―」，「青色申告のためのやさしい複式簿記―練習帳―」，「振替伝票」及びDVD等を対象者に普及している。また，会計ソフトBlue Return A＆e-Taxを推奨している。この会計ソフトは振替伝票入力・仕訳帳入力，現金出納帳等の帳簿入力を入力画面によって入力するものである。また，国税電子申告・納税システムのe-Taxにも対応している。すなわち，入力されたデータがそのままe-Tax 上で利用できる。

（5）商工会議所及び商工会

　商工会議所及び商工会は，経営改善普及事業の基本方針に基づいて，小規模

図表 補-15 貸借対照表が作成できる青色申告帳簿の流れ

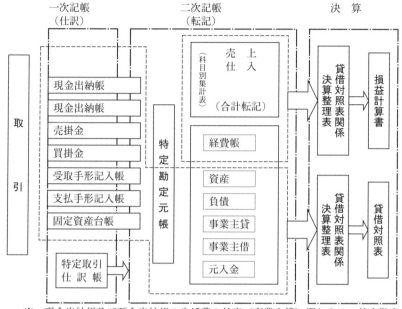

※ 現金出納帳及び預金出納帳の生活費の払出（事業主貸）欄からは，特定勘定元帳の事業主貸勘定へ合計転記する。
※ 預金出納帳の事業主から受入（事業主借）欄については，特定勘定元帳の事業主借勘定へ合計転記する。
※ なお，この帳簿は，青色帳簿Ⅰ・Ⅱ及び別冊から構成される。青色帳簿Ⅰは，現金出納帳，売掛帳，買掛帳，受取手形記入帳，支払手形記入帳で構成している。青色帳簿Ⅱには，預金出納帳，固定資産台帳，特定取引仕訳帳，特定勘定元帳，棚卸表が含まれる。また，別冊は，科目別集計表（売上の部・仕入の部・経費の集計表）と決算整理表（損益計算書関係・貸借対照表関係）からなる。

（出所：濵沖・新野・谷崎・鶴見2008，76ページ，図7）

企業の記帳継続指導及び記帳事務代行を，記帳専任職員，記帳指導職員及び記帳指導員により実施している。また，税務相談及び申告所得税の確定申告期における決算及び確定申告書の作成指導等を税理士の派遣を地域税理士会に依頼

することによって行っている。結果として記帳及び決算から申告に至るまでの一貫した指導体制を全国的規模で整えている。

1) 商工会議所

商工会議所は全国の市に設置されている団体である。全国の商工会議所では対象者に推奨する会計ソフトをそれぞれの会議所独自の判断で選定している。各商工会議所が行う記帳事務代行は，図表 補－16で示すようになる。

図表 補－16　商工会議所の記帳事務代行（コンピュータ会計）の流れ

小規模企業		各地商工会議所
「伝票」、「日計表」、「出納帳」等へ記入	1ヶ月分まとめて商工会議所へ提出 → ← 配布 ← 配布	データ入力　元帳・試算表等の出力　事業年度終了時元帳・試算表・決算書等を出力

（出所：濵沖・新野・谷崎・鶴見2008, 79ページ, 図8）

2) 商工会

商工会は全国の町村に設置されている団体である。記帳に関しては，記帳指導，記帳機械化指導及び決算指導・経営分析指導がある。記帳指導内容は，記帳の仕方，費目区分，簿記講習会及び経理ソフト講習会の実施があり，記帳機械化指導は，記帳代行指導と自計指導がある。商工会が会員に推奨している会計ソフトは「ネットde記帳」である。これは，ASP（Application Servce Provider）による経理システムである。ASPとは，インターネット回線を通じてソフトウェアを貸し出すサービスであり，そのメリットは，インストールやバージョンアップが不要で，同時に複数利用できることである。操作方法が不明の場合は，会員が商工会に問い合わせることによって，職員から説明を受けることが可能である。「ネットde記帳」を採用している商工会と他の会計ソフトを利用している商工会が存在し，会計ソフトを利用している場合の記帳代行指導の流れは図表 補－17で示すようである。

以上にみたように，それぞれの団体は長年にわたり小規模企業に対して税務

補 章 215

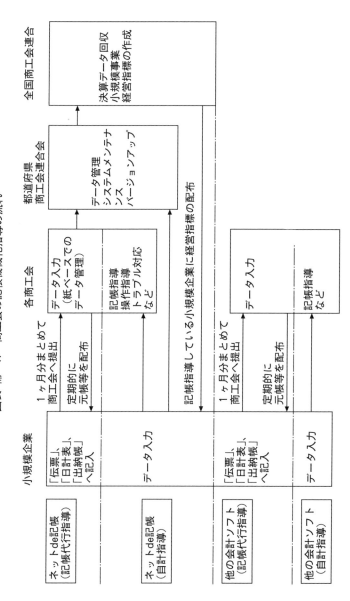

図表 補-17 商工会の記帳機械化指導の流れ

(出所:濱沖・新野・谷崎・鶴見2008, 81ページ, 図10)

会計実務の支援体制を整備・確立してきた。

　簿記・会計における教学上においては，当然のごとく複式簿記が教授されているが，以上みてきた簿記・会計実務では複式簿記が実践されているとは必ずしもいえない。会計処理及び簿記実務における複式簿記の重要性は揺るがないが，小規模企業における簿記実務が複式簿記以外の処理体系によってなされている現実は認識しておく必要がある。このことは，すなわち，簿記・会計とは，それぞれの事業体の多様な実状に合わせて，そのシステムが構築されるものであることを示唆するものであろう。

(6) 税務会計支援体制と国税庁によるアウトソーシング及びIT関連技術の進展

１）税務会計支援体制と国税庁によるアウトソーシング

　財務省は，2006（平成18）年8月，公共調達の競争性と透明性を確保することを目的に，競争性のない随意契約の見直しと競争入札に係る情報公開の一層の充実に努めることを求めた。そして，「業務・システム最適化計画策定指針（ガイドライン）」を作成し，業務の効率化・合理化を図る等の基本理念を挙げた。これを受け国税庁は，このガイドラインで示された方向性に基づき税務行政の簡素化，業務効率の向上を含む見直し方針を明示した。この見直し方針の中で「税務行政の簡素化，業務効率の向上」が掲げられた。このような動きの中で，国税庁は先行して2006（平成18）年分の所得税の確定申告につき，従来全国の税理士会に随意契約の上行っていた「継続記帳指導」等の業務を一般公開募集とした。すなわち国税庁は，税務支援事業を含めた税務行政サービスの全てを一般競争入札することとしたのである。先で見た「税務会計支援体制」では国税庁が長年に亘って法的に認められた諸団体に対し，随意契約によって簿記・会計に係る委託資金を拠出してきた。しかし，「記帳指導」，「相談会場における税務相談」等の事業は，原則として，全て一般競争入札とされたのである。このことはわが国の個人企業の簿記・会計実務が国税庁の予算で，全国的規模で一般競争入札によってアウトソーシング化されることを意味する。ま

た，このことは，従来からの「税務会計支援体制」に影響を与えるものである。
　2）税務会計支援体制と国家政策として進められてきたIT化及びIT関連の技術革新
　①国によるIT改革の施策

　2001（平成13）年1月に高度情報通信ネットワーク社会形成基本法が制定されたことを受け，政府は，「高度情報通信ネットワーク社会推進戦略本部」を内閣に設置し，IT改革に関する政府戦略を策定してきた。その中心的な考えは，行政の情報化改革，すなわち電子政府実現への取り組みと，情報化推進による社会全体としての生産性向上である。現在のIT改革に関する施策には，行政の情報化改革（電子政府実現の取り組み）と社会全体の情報化に係る改革（e-Japan構想，u-Japan構想）とがある。なかでもe-Japan構想の発展形として位置づけられたu-Japan構想は，ユビキタスネット社会実現を2010（平成22）年までに目指したものであった。このような政府戦略の方針に基づき，各省庁はIT化への取り組みを行ってきた。

②経済産業省によるSaaSプロジェクト

　経済産業省は中小企業に対する経営支援策の一環として，財務会計，人事給与，顧客管理等の業務の革新を支援するとともに，公的手続の電子申請による円滑化を図る目的で，1つのシステムを打ち出した，すなわち，専門知識のない中小・個人企業でも，安価かつ容易に，ITを活用した業務効率化を行えるようにするために，その基盤となる「中小企業経営革新プラットフォームシステム開発事業」を打ち出したのである。そして「インターネットを利用したソフトウェア提供サービス（SaaS:Software as a Service，以下SaaSプロジェクトと記す）を構築し，2009（平成21）年3月末よりサービスの提供が開始された。その中身は，「財務会計」，「経理」，「給与計算」，税務申告等である。SaaSプロジェクトは経済産業省の電子政府実現への取り組みであるが，その運用者・利用者は国民であって民間企業に与える影響はきわめて大きなものがある。

③国税庁によるe-Taxの推進

　国税庁の税務申告・納付に関するIT化の取り組みにe-Taxの推進がある。e-Taxに対応した会計・税務ソフトウェアを利用することで会計処理や申告等のデータ作成から申告・納税までの一連の作業が電子的に行えるため，事務の省力化が見込まれている。

④IT関連の技術革新

　ICT（Information Communication Technology），ASP（Application Service Provider），XML（eXtensible Markup Language）・XBRL（eXtensible Business Reporting Language）等民間のIT関連技術革新は目覚ましく，従来不可能であった実務がこれらの技術革新によって簡便なものとなり普及していくという過程が社会の随所に見られる。例えばSaaSプロジェクトはIT関連革新技術を束ねる形でサービスの提供を行うものである。これらの技術革新は，「税務会計支援体制」に影響を与える。すなわち，これらの技術革新は個人企業の簿記・会計に新たな局面をもたらしつつある。

3）税務会計支援体制の現状

　わが国の「税務会計支援体制」に，国策としてのIT戦略及び進展しつつあるIT技術革新によって，従来からの「税務会計支援体制」が包含されている関係を示せば図表 補－18（出所：濱沖・新野・谷崎2009，93ページ，図1）のようになる。

　図表 補－9では小規模企業を対象として考察したが，アウトソーシングは個人企業を対象とし，個人企業は小規模企業に含まれるので図表 補－9が利用できる。図表 補－18の上部の「政府戦略との関わり」の部分では，IT改革を進める国の組織とプロジェクトを示し，下部の「技術革新との関わり」の部分では，民間によるIT関連技術革新を示している。

　アウトソーシングにおいても従来からの「税務会計支援体制」は，社会経済効率性の観点で従来からの体制を踏襲することが好ましいこと，及び現実的な実行可能性の観点で現存する関係職域者の既得権から踏襲せざるをえないことの理由で維持されると思われる。

4）アウトソーシングが個人企業の簿記・会計に与える影響

　国税庁のアウトソーシングは，従来からの税務行政と結びつく個人企業の簿記・会計業務を一般競争入札することによってヨリ効率のよい税務行政を行おうとするための施策である。そのための前提として国のIT改革に関する施策及びIT関連の技術革新が，日本社会そして個人企業の簿記・会計の分野においても浸透してきたことがあるといえる。すなわち，個人企業が市販の会計ソフトやインターネットを利用した簿記・会計業務を行なえるようになってきたことを前提にしているといえる。このことは比較的安価で容易な簿記・会計業務を個人企業者が行うことができるようになってきていることをも意味する。ゆえにアウトソーシングによって個人企業の行う簿記・会計業務のIT化に一層の拍車がかかると思われる。

　以上のことから，アウトソーシングによる影響の１つめを図表 補－18によって述べるならば，この中ほどのグレーの部分（横列：「記帳方法ならびに処理ソフト等」の税理士・青色申告会・商工会の部分）がヨリIT化されることとなるであろう。すなわち，アウトソーシングによって，手書きによる記帳の部分がIT化による記帳に移行し，そのことがヨリ増大することを意味すると思われる。

　影響の２つめとして，図表 補－18中，「Start わが国の小規模企業」中の個人企業者が，直接，税務当局（税務署）へ「税務申告」を行う割合が増大することになるであろう。その場合，納税者の数は一定として，従来から簿記・会計サービスを個人企業に提供している税理士・青色申告会・商工会を利用する個人企業者の割合が減少することになる。

　わが国における個人企業の簿記・会計は，個々の企業のおかれている状況の中で，独自に判断され実践されるものである。しかしながら，一方で納税申告という社会的な責任の中で機能し，その役割を担うものであるともいえる。すなわち，個人企業における簿記・会計実務はIT化が進展している現在であっても，なお国策としての税務行政上の施策の強い影響をうけているといえる。今後は益々進展するであろう政府のIT推進化事業と関連情報機器の普及が個人企業の簿記・会計実務にヨリIT化が進展する形で変化を与えていく情況を

図表 補-18 わが国における税務会計支援体制と

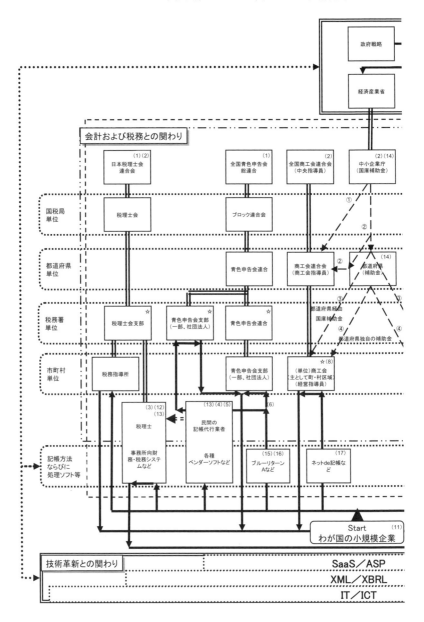

補章 221

政府戦略及び技術革新の関わり

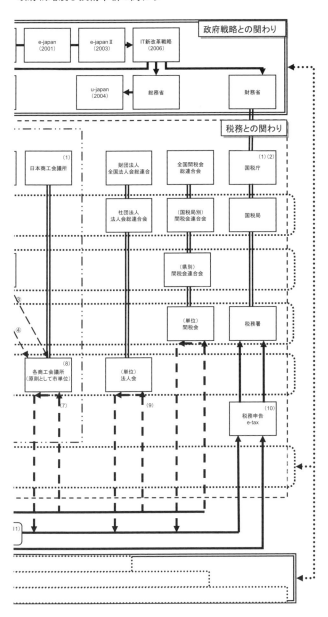

注目していく必要があろう。

5．税務会計実務と税法能力検定

　継続的事業体は独自の組織を持っており，税務会計を行う部署もさまざまである。税務会計を担当する者が必ずしも税務会計の知識を持っているとは限らない。税務会計を担当する人の多くは，税務会計の知識を独学あるいは職場で習得していく。また，その規模が小さい等の理由で，企業内で税務会計の処理をなしえない企業は，会計事務所や税理士事務所等の税理士に税務会計業務を依頼することになる。

　しかしながら，わが国の税務会計教育の歴史を振り返ってみても，また，その現状をみても，継続的事業体の会計の立場（会計を行う者の立場）で税務会計を教授する機会はほとんど提供されていないといえよう。

　税務会計の知識や技能が必要な部署や業務に携わる人達が基礎から税務会計の実力を身に付けていくうえで有用なものとして，公益社団法人全国経理教育協会が主催する所得税法能力検定試験・法人税法能力検定試験・消費税法能力検定試験がある。これらの能力の習得は継続的事業体においてなされる税務会計の基本的能力を養うために有用であろう。

6．税務会計への学習

　所得税税務会計・法人税税務会計及び消費税税務会計など申告納税の税務会計については簿記・会計がその基礎となるため，まず簿記の知識の理解と技法の習得が必要となる。一般に簿記検定の3級では所有と経営が分離されていない個人企業の簿記を扱っているため，所得税税務会計の理解のためには必須となる。また簿記検定2級以上では所有と経営が分離されている株式会社などの法人企業の簿記を扱っているため，法人税税務会計の理解のためには必須となる。そして個人企業及び法人企業の担当者にとっては，簿記の理解と技法の習

得が消費税税務会計の理解のために必要となる。すなわち，消費税税務会計の理解のためには，わが国の消費税法は帳簿（アカウント）方式を採用しているため，個人の継続的事業体においては3級簿記の能力が，法人の継続的事業体においては2級以上の簿記の能力が必須となる。

　一方，その他の税務会計においては，簿記・会計の思考を切り離して，純粋に税法の計算規定に従うものとなることには注意が必要である。

　また税務会計は税法の規定の枠の中で行われるものであり税法の正確な理解が当然必要であるが，税法を理解する方法のひとつに，税務申告書のフォームを理解することがそれぞれの税法の全体像を把握することに役立つであろう。

[出所一覧]

1．第Ⅰ部は濵沖2013を書直したものに加えて，濵沖2011の一部を書直し，組み込んだものである。
2．第Ⅱ部序章1．は濵沖・梅田2007を書直したものである。
3．第Ⅱ部第2章1．は濵沖・田邉2006を書直したものである。また，同章3．は濵沖・田邉2009を書直したものである。
4．第Ⅱ部補章4．(1)～(5)は濵沖・新野・谷崎・鶴見2008を書直したものである。また，同章4．(6)は濵沖・新野・谷崎2009を書直したものである。

[執筆分担一覧]

濵沖　典之…第Ⅰ部，第Ⅱ部【序章1．(梅田勝利と共同)，序章2．～4．，第1章1．，2．(1)(米田敏子と共同)，第1章3．(1)．1)～7)(鶴見正史・岡部勝成と共同)，3．(2)～(4)，第2章1．及び3．(田邉正と共同)，補章1．～2．，補章3．(梅田勝利と共同)，補章4．(1)～(5)(新野正晶・谷崎太・鶴見正史と共同)，(6)(新野正晶・谷崎太と共同)，補章5．(鶴見正史・岡部勝成と共同)，補章6．】

梅田　勝利…第Ⅱ部【序章1．(濵沖典之と共同)，第3章，第4章，補章3．(濵沖典之と共同)】

岡部　勝成…第Ⅱ部【第1章3．(1)．1)～7)(濵沖典之・鶴見正史と共同)，補章5．(濵沖典之・鶴見正史と共同)】

川本　哲也…第Ⅱ部【第1章2．(2)～(3)】

新野　正晶…第Ⅱ部【補章4．(1)～(5)(濵沖典之・谷崎太・鶴見正史と共同)，(6)(濵沖典之・谷崎太と共同)】

田邉　正…第Ⅱ部【第1章3．(1)．8)，第2章1．及び3．(濵沖典之と共同)】

谷崎　太…第Ⅱ部【補章4 (1)～(5)(濵沖典之・新野正晶・鶴見正史と共同)，(6)(濵沖典之・新野正晶と共同)】

鶴見　正史…第Ⅱ部【第1章3．(1)．1)～7)(濵沖典之・岡部勝成と共同)，補章4．(1)～(5)(濵沖典之・新野正晶・谷崎太と共同)，補章5．(濵沖典之・岡部勝成と共同)】

米田　敏子…第Ⅱ部【第1章2．(1)(濵沖典之と共同)，第2章2】

索　引

(ア行)

青色申告　97
青色申告会　209
青色申告特別控除　106
アカウント方式　158, 181
アダム・スミス　90
圧縮記帳　136
アドルフ・ワグナー　90
アレキサンダー・アラン・シャンド　26
飯塚毅　55
一時所得　108
一般に公正妥当と認められる会計　31, 37
医療費控除　111
インボイス方式　158, 181
上田貞次郎　23
売上原価　130
売上税・取引高税　156
益金　127
役務の提供　164
エコノミスト　18
演繹法的アプローチ　31
エンティティー　42
応益課税　91
応能課税　91, 92
太田哲三　20, 23
卸売売上税　156

(カ行)

会計　4
会計学　4, 12, 23, 28, 32, 38, 91

会計現象　23
会計実務　4
会計主体論　40
外国税額控除　115
会社法会計　87, 126
外部報告会計　47
確定決算主義　126
確定申告　115, 141, 173
加算法　157
家事関連費　105
課税売上げ　162
課税仕入れ　163
課税の公平　90
課税の根拠　90
課税の本質　90
課税要件の事実　97
寡婦・寡夫控除　111
株式会社　201
簡易課税制度　170
間接消費税　154
間接税　92
企業会計　4, 125
企業会計基準　31, 83
企業会計原則　31, 82
期限後申告　142
基準期間　166
基礎控除　113
帰納法的アプローチ　31
寄付金　131
寄付金控除　112
寄付金税額控除　114

GAAP	5	国際会計基準	61
給与所得	107	国際財務報告基準	84
銀行簿記精法	26	国民経済学	24
均等割	149	個人企業	57, 196
金融商品取引法	81	個人事業者	57
勤労学生控除	112	個人事業税税務会計	73, 117
黒澤清	35	個人収得税税務会計	73, 98
経営学	23, 24	個人住民税税務会計	73, 119
経営経済学	24	固定資産税税務会計	74, 183

(サ行)

経営現象	23	science（科学）	6
経済学	12, 23, 90	災害減免額	115
経済現象	23	債権償却特別勘定	135
軽自動車税税務会計	73, 188	財産税	73
継続的事業体	7, 25, 81	財産税税務会計	74
計理学	29	最終仕入原価法	104, 130
決算調整	127	雑所得	108
欠損金の繰越控除	137	雑損控除	111
減価償却	20	山林所得	107
減価償却費	131	仕入れ税額控除法	157
憲法30条	90	時価主義	39
憲法84条	90	事業所得	102
交際費等	130	事業主勘定	105
合資会社	200	私経済学	24
控除対象仕入れ税額	168	資産	163
控除法	157	資産の貸付け	164
公正処理基準	138	資産の譲渡	164
ゴーイングコンサーン	43	地震保険料控除	112
更正の請求	142	自然科学	17, 19
合同会社	200	実務の解説	74
高度経済成長期	51	自動車取得税税務会計	74, 193
公認会計士	196	自動車税税務会計	73, 186
公認会計士法	82	資本主義経済体制	50
合名会社	199		
小売売上税	156		

社会科学	16, 17, 19	正規の簿記	96
社会現象	16	政治学	12
社会保険料控除	112	製造業者売上税	155
修正申告	142	静態論	39
住宅借入金等特別控除	114	税法学	90
収得税	73, 93	税法能力検定	222
収得税税務会計	73, 93, 98	税務会計	5, 44
取得原価主義	39	税務会計外部監査	196
障害者控除	111	税務会計監査	74
商学	24	税務会計支援体制	204
小規模企業	204	税務会計実務	5
小規模企業共済等掛金控除	112	税務会計論	5, 12, 44
証券取引法	81	税務調整	127
商工会	212	生命保険料控除	112
商工会議所	212	税理士	195
商事貸借対照表論	25	税理士制度	74, 195
譲渡所得	108	税率	114
消費課税	162	総収入金額	102
消費税	73	租税原則	90
消費税税務会計	73, 153, 161	損益計算	95, 110
消費税法	53	損金	129

（タ行）

商法	93		
商法会計	86		
ジョージ・オリバー・メイ	20	退職所得	107
所得課税	95	大日本帝国憲法	90
所得控除	111	武田昌輔	55
所得税税務会計	73, 98	多段階一般消費税	156
所得税法	93	タックスプランニング	63
所得の総合	110	単段階一般消費税	155
白色申告	97	地方消費税	176
申告調整	127	地方消費税税務会計	73
申告納税	62	地方法人税税務会計	147
ステークホルダー	32	中間申告	141, 173
税額控除	114, 141	中小企業の会計に関する基本要領	31, 86

中小企業の会計に関する指針　31, 84
帳合之法　26
直接消費税　153
直接税　91
TKC　205
動態論　39
都市計画税税務会計　73, 185
富岡幸雄　54

　　　　　（ナ行）

納得　21
日本會計學會　25
日本学術会議　25

　　　　　（ハ行）

配偶者控除　112
配偶者特別控除　113
配当控除　114
配当所得　102
非課税取引　164
必要経費　103
賦課課税　63
付加価値税　157
不課税取引　165
福沢諭吉　26
復興特別所得税　114
不動産取得税税務会計　74, 191
不動産所得　102
扶養控除　113
分離課税　109
別表一　52
別表四　51, 52, 139
別表五　51, 52

弁護士　196
法学　12, 90
法人企業　57
法人擬制説　123
法人事業税税務会計　73, 145
法人実在説　123
法人収得税税務会計　73, 123
法人住民税税務会計　73, 148
法人税税務会計　73, 123, 126
法人税割　150
法的安定性　90
法の予測可能性　90
保税地域　164

　　　　　（マ行）

みなし仕入れ率　171

　　　　　（ヤ行）

役員給与　130
山本安次郎　23
有限責任事業組合　198

　　　　　（ラ行）

利子所得　101
リトルトン　27, 54
流通税　73
流通税税務会計　74
良心　6, 8, 10
連結納税制度　143

　　　　　（ワ行）

わが国の消費税　160

［共著者紹介］

梅田　勝利（うめだ　かつとし）：東亜大学大学院総合学術研究科博士課程修了：博士（学術）。現在：九州共立大学経済学部准教授，経営関連学会協議会副理事長補佐・同理事長代行補佐，日本企業経営学会理事，日本会計研究学会他会員。

岡部　勝成（おかべ　かつよし）：広島大学大学院社会科学研究科博士後期課程修了：博士（マネジメント）。現在：日本文理大学経営経済学部教授，税理士。日本企業経営学会常任理事，日本産業経済学会・日本会計研究学会他会員。

川本　哲也（かわもと　てつや）：松山大学大学院経済学研究科修士課程修了。現在：川本税理士事務所勤務，税理士。

新野　正晶（しんの　まさあき）：東亜大学大学院総合学術研究科博士課程修了：博士（学術）。現在：広島文化学園大学大学院社会情報研究科及び同社会情報学部教授，日本産業経済学会理事，日本会計研究学会他会員。元税理士登録。

田邉　正（たなべ　ただし）：駒澤大学大学院経営学研究科博士後期課程単位取得。長岡大学経済経営学部専任講師を経て，現在：常磐大学国際学部准教授。日本産業経済学会理事。税務会計専攻。

谷崎　太（たにざき　ふとし）：広島大学大学院社会科学研究科博士後期課程マネジメント専攻単位取得。長岡大学産業経営学部助教授を経て，現在：西南女学院大学短期大学部教授。日本産業経済学会理事，日本会計研究学会他会員。

鶴見　正史（つるみ　まさし）：名古屋学院大学大学院経済経営研究科博士前期課程修了。愛知産業大学短期大学部専任講師を経て，現在：愛知産業大学経営学部准教授。日本企業経営学会理事，日本会計研究学会・日本簿記学会他会員。

米田　敏子（よねだ　としこ）：税理士開業歴40年を超える。関東信越税理士会川口支部副支部長・同川口支部理事・埼玉県川口市固定資産評価審査委員会委員・米田税務会計事務所所長を歴任。現在：税理士法人東川口会計代表社員。
事務所：埼玉県川口市戸塚。

［編著者紹介］

濱沖　典之（はまおき　のりゆき）
：1957（昭和32）年2月　広島市にて出生。
青山学院大学経営学部卒業，広島修道大学大学院経営学専攻博士後期課程単位修得，呉（現広島文化学園）大学大学院社会情報専攻博士後期課程修了，濱沖会計事務所所長，中央学院大学商学部長（第15・16・17代）・同大学学長代行，学校法人中央学院理事・評議員を経て，
現在：日本産業経済学会会長，日本企業経営学会副会長，経営関連学会協議会評議員，中央学院大学大学院商学研究科及び商学部教授，博士（学術），税理士。
著書：（単著）『法人税における減価償却費の史的研究』泉文堂，
　　　（単著）『税務会計入門』泉文堂，
　　　（共著）『税務会計の基礎』創成社，
　　　（編著）『最新簿記原理―企業の取引処理―』同文舘，
　　　（共著）『簿記会計の基礎』税務経理協会，他。

税務会計論

2015年1月9日　初版発行

編著者：濱沖　典之
発行者：長谷　雅春
発行所：株式会社　五絃舎
　　　　〒173-0025　東京都板橋区熊野町46-7-402
　　　　TEL・FAX：03-3957-5587
検印省略　Ⓒ　2015 Hamaoki Noriyuki
組版：Office Five Strings
印刷・製本：モリモト印刷
Printed in Japan
ISBN978-4-86434-042-7

落丁本・乱丁本はお取り替えいたします。
本書より無断転載を禁ず。